趣味科学实验

神奇的纳米世界

任红轩　编著

科 学 出 版 社

北　京

内 容 简 介

本书在充分考虑实验趣味性和安全性的前提下，选取能源、环境、生物医药、纺织、建材等方面21个贴近生活的纳米科学实验，辅以大量图片，使实验方案与原理浅显易懂，目的是抛砖引玉，激发读者探究纳米科技的兴趣。本书在详细的实验方案之外，还设有实验原理、实验问题、背景知识、应用实例、拓展阅读部分，增加了知识性、可读性、趣味性和思考性。

本书可供中小学、大专院校非纳米科技专业师生使用，也可供从事纳米科技的科普人员、管理人员以及广大的纳米科技爱好者阅读和参考。

图书在版编目(CIP)数据

趣味科学实验：神奇的纳米世界/任红轩编著. —北京：科学出版社，2012.6

ISBN 978-7-03-034426-7

I. 趣… II. 任… III. 纳米材料－普及读物 IV. TB383-49

中国版本图书馆CIP数据核字(2012)第104405号

责任编辑：杨 震 张淑晓/责任校对：郑金红

责任印制：赵 博/封面设计：无极书装

科学出版社出版

北京东黄城根北街16号

邮政编码：100717

http://www.sciencep.com

北京市金木堂数码科技有限公司印刷

科学出版社编务公司排版制作

科学出版社发行 各地新华书店经销

*

2012年6月第一版 开本：A5(890×1240)

2025年3月第七次印刷 印张：5 1/2

字数：200 000

定价：38.00元

(如有印装质量问题，我社负责调换)

编者的话

纳米技术是在20世纪80年代兴起的，并迅速发展成为一门高新技术，在信息、材料、生物、医学、环境、能源等领域有广泛的应用。这一技术很可能成为重大工业变革的基础，从而对人们生活的各个领域产生广泛的影响。纳米科技现已成为当今世界各国竞相争夺的科技战略制高点。截至目前，全球包括美国、欧盟、日本、俄罗斯、韩国、中国在内的50多个国家和地区制定了纳米科技研究计划，力争在新一轮的高科技竞争中占据一席之地。

美国2001年的国家纳米技术计划(NNI)率先提出要加强纳米技术人力资源的发展工作，通过开设纳米技术课程，并设立奖学金，培养新一代具有多学科背景的熟练工作者，以满足纳米技术迅速发展对人才的需求。随后在2002年9月11~12日，美国国家科学基金会(NSF)组织了纳米技术大学教育(nanotechnology undergraduate education，简称NUE)研讨会，他们对纳米技术本科及以下层次教育持谨慎乐观态度。会后形成的报告认为，增设纳米技术学士学位的时机尚不成熟，但支持在拥有纳米技术学科要素的相关院系里，开展纳米技术辅修与选修教育，为未来建立独立、完整的纳米技术学科体系创造条件。该报告还对本科及以下层次人才的培养提出了一些建设性意见，其中提到纳米技术知识要以能为K-12（K-12教育是指到高中为止的教育体系）学生和公众所理解的方式推广。

据预测，2010~2015年纳米技术人才的需求情况为：美国需要80万~90万人，日本需要50万~60万人，欧洲需要

30 万~40 万人，亚太地区（不包括日本）需要 10 万~20 万人，其他地区需要 10 万人。其中相当一部分是纳米技术产业系统所需的具有本、专科水平的人才。要满足如此巨大的人才需求，即使是美国，也感到力不从心。他们尤其感到缺乏培养中、低层次纳米技术人才的能力。因此，2005~2010 财年，美国 NNI 计划累计投入的教育和纳米技术伦理、法律方面的研究经费超过 2.6 亿美元。

纳米科技的竞争归根到底是人才的竞争。除大力培养纳米科技专门人才外，普及纳米知识、让更多的人能了解纳米科技、使纳米科技趋向于“平民化”，也是非常重要的，特别是让广大青少年能够尽早走近并接触纳米科技，激发他们对纳米科技的兴趣，为将来有更多的人致力于纳米科技研究以及纳米科技的产业化打基础，从而为储备纳米技术的后继人才奠定良好的基础。

国内过去的学校教育更多采用“填鸭”式教育模式，这些年来，不断开展素质教育探索，取得了创新是一个民族发展的灵魂，如果我们的下一代缺乏创新能力，那将是一件非常可怕的事。学校基础教育应该把培养学生的综合素质和创新能力放在重要位置。如何让学生超越陈旧的学习方法，使学生从“学会”转变为“会学”，是一个值得我们深入思考的问题。开设探索性、研究性课程是培养学生综合素质和创新能力的一个重要途径。

纳米科学是一门交叉学科，具有鲜明的跨学科性，与中学课程中的物理、化学、生物课有密切的联系。而学生具有强烈的好奇心，纳米材料具有的奇妙特性将会引起学生的强烈兴趣，激发他们深入了解纳米科技的热情。因此，开展纳米科技实践活动具有教学依据和创新功能。但是长期以来，我国没有统一的纳米科学教育规划，如何向基础教育辐射纳米科技，一直是我们在发展纳米科技时忽略的环节，也是困扰我们发展的问题。2009年教育部实施全国教育科学规划教育部重点课题，中国科学院组织实施科技英才培养计划，我们除了组织纳米科技专家走进中学课堂之外，还对已经取得的纳米科技成果进行了梳理，在充分考虑实验安全性和趣味性的前提下，选取能源、环境、生物医药、纺织、建材等方面21个典型的纳米科技实验，让青少年学生自己动手进行实验，使学生了解纳米科技的基础知识及其广泛的应用前景。在学习知识、拓宽视野的同时，培养学生对纳米科学技术的兴趣和动手实验的能力。未来，有望将这些实验进一步凝练和模块化，根据不同的科普对象，进行选择和组合，制成针对不同群体的纳米科普实验箱，使其成为中小学研究性课程和拓展性课程的重要组成部分。在整个实践过程中，在基础教育方面探索科教结合之路，联手求解钱学森之问，实现了纳米科学家走进中学课堂、融入课程的制度创新；在课程设计上以人为本，把学生的发展放在以课程为中心的基础之上，实现了融合纳米科技教育课程与基础教育课程的课程创新；纳米科学家对教育的认识与中小学教师人才培养理念的碰撞，带来了全新视角的人才培养模式。

本书是在国内没有相关教学资料的背景下的一次大胆尝试，希望通过一些新的形式，拓宽纳米科技向基础教育辐射的途径。为进一步深化教育改革、全面实施素质教育和提高教育质量服务，为建设创新型国家做出贡献。

书中内容取材于“863”计划、“973”计划和纳米研究国家重大科学研究计划取得的部分成果，同时吸取了德国NanoBioNet协会开发的Nano Toolbox的部分实验思想，参考了《纳米科技产品及应用》（任红轩等. 科学出版社，2010）一书的部分结论，结合了七年来国家纳米科学中心科技公开日的经验，通过了中国科学院科技英才培养计划的实践。值得一提的是，其中实验二、实验三和实验四的内容还获得了中国科学院第三届青年科普创意大赛文字类二等奖。

本书在成稿过程中得到了上海纳米技术与产业促进中心闵国全主任、费立诚副主任和沈纯、陈红光、刘彦伯部长，中国科学院天地生科学文化传播中心袁志宁主任、季慧部长、回玉辉等老师，北京海淀区教委校外研究室吕文清主任，国家纳米科学中心王琛主任、刘洪海书记、赵宇亮副主任，人力资源部范伟民主任和潘海莲、任怀诗等老师，综合事务部刘卫卫主任、汲志华副主任、田梅等老师，韩东研究员、张忠研究员，研究生曾丽金、刘建波、李忠军、贺良灿、王兵、汤艳、张伟、梁宇佳、黄凯、徐萌、贾玉莹、温涛、袁秉凯、李学毅、刘颖昳，黄卓、陈杰、郑建忠、贾玉莹、张建明、熊炎松、方岩、王兵、毛翔，闫鹏、张营、鞠思婷、马晓微、汪之又、王有勍、张文娣、孟月娜、刘腾蛟等的帮助，中学生赵维哲、王佳辰、王艺颖、常梦然、崔一冰等参加实验，科学出版社的同志为本书的出版付出了辛勤的劳动，在此一并致谢。同时，还要感谢全国教育科学规划教育部重点课题“未成年人校外教育基地标准与创新人才培养模式的实践研究”(GEA090020)和国家自然科学基金的资助。

由于作者学识浅薄、水平有限，书中实验方案难免有不完善甚至错误之处，对一些专业问题的理解也不一定十分到位，希望各位专家和读者不吝赐教。

任红轩
2012年1月

目　　录

纳米科技漫谈

在物质世界里，目前人类所能观测到的宏观尺度宇宙范围是 10 亿光年(图 0-1)，如果以米为单位来表示，是 10^{25} 米；地球的直径约一万千米，也就是 10^{7} 米(图 0-2)；足球的大小是 22 厘米左右，即约 0.22 米；跳蚤的大小是 1 毫米左右，即约 10^{-3} 米；人头发的直径在 80 微米左右，即约 8×10^{-5} 米；继续缩小观测范围，透过光学显微镜把目光聚焦在 1 微米，也就是 10^{-6} 米上，人类红细胞便呈现在我们眼前。好，让我们继续向微观世界推进，到 0.1 微米，也就是 10^{-7} 米，借助电子显微镜，就可以看到病毒的模样；再小的话，到了 10^{-9} 米，也就是 1 纳米(nm)，在这个范围里，可以看到 DNA 的图像！(图 0-3)

图 0-1　目前人类观测的最远距离为 10^{25} 米=10 亿光年

图 0-2　地球的直径 10^7 米=1 万千米

目前，纳米（nanometer）这个蕴含着巨大潜力的词已成为整个世界的焦点。

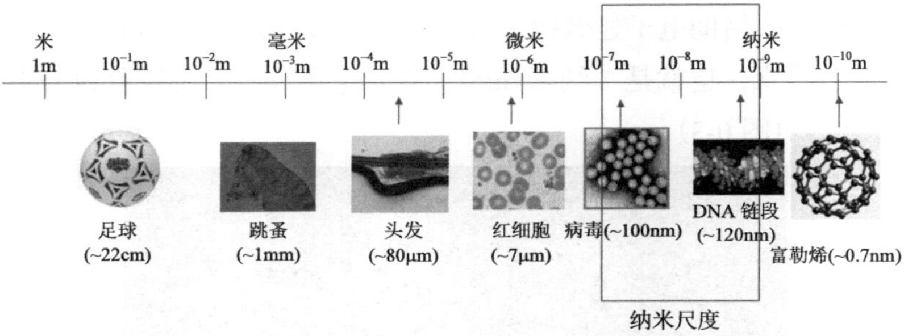

图 0-3　尺度对照

纳米到底是怎样的一个度量单位呢？让我们插上想象的翅膀，进入奇妙的纳米世界吧！

纳米是一个长度单位，如果把 1 米和 1 纳米作比较，它们相差 10^9 倍。10^9 是个什么概念呢？把一个高尔夫球放大 10^9 倍，它就和地球一般大小（图 0-4）；人们常用细如发丝来形容纤细的物体，实际上一根发丝的直径约为 8 万纳米；把 10 个世界上最轻的原子——氢原子排列成一条线，就是一个纳米的长度。

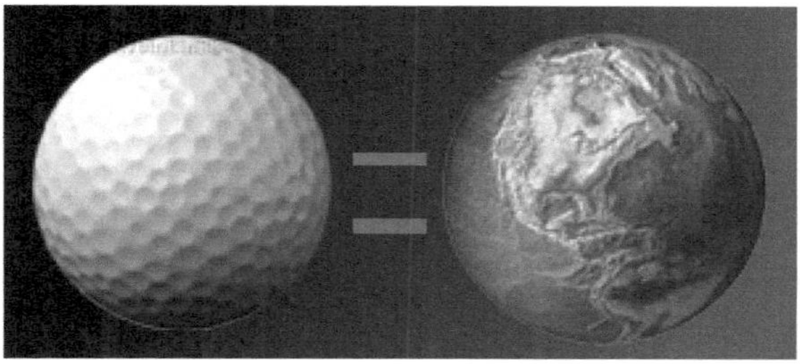

图 0-4 放大 10^9 倍的高尔夫球与地球比较

科学家们把 1~100 纳米的特定范围称为纳米尺度(图 0-3)。

那么，在纳米尺度范围内研究物质的特性和相互作用，包括对原子、分子的操纵，就叫做纳米科技。

人们不禁要问：纳米尺度那么小，我们如何观察和操纵呢？这就要用到被誉为纳米科技研究“手”和“眼”的扫描隧道显微镜(STM)了。

利用 STM，可以实时地观测单个原子在物质表面的排列状态以及与表面电子行为有关的物理、化学性质；操纵原子和分子，并重新排列和组装，能让它产生奇异特性(图 0-5)。

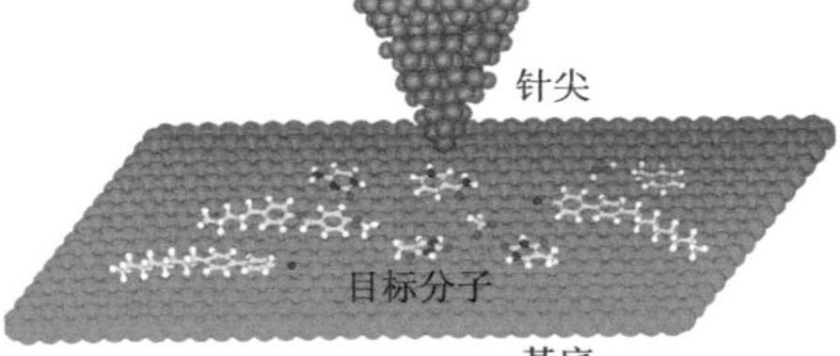

图 0-5 扫描隧道显微镜操纵分子

STM 把我们带到了一个神奇的世界，使我们捕捉到纳米粒子结构的瞬间变化，而这瞬间带来的是意想不到的结果(图 0-6)。

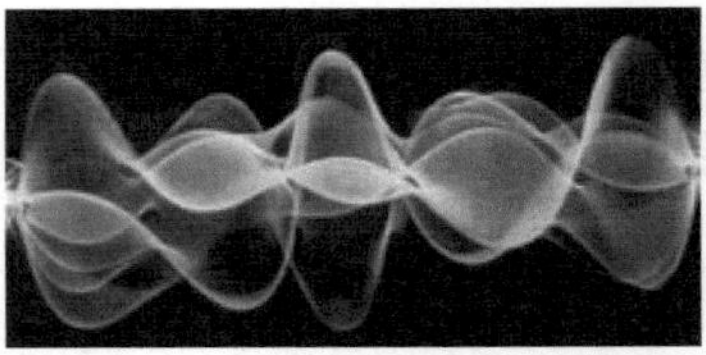

图 0-6　粒子空间的奇异变化

其实具有纳米结构的物质在自然界中早已存在，只是在没有电子显微镜的条件下，我们不曾发现它们。荷花表面为什么不易染尘沾水？飞行的昆虫为什么有自洁功能？海豚、蜜蜂、鸽子为什么能找到回家的路线？孔雀、蝴蝶的翅膀以及蛋白石为什么会呈现五彩缤纷的色彩(图 0-7)？……这都是“纳米”的鬼斧神工。

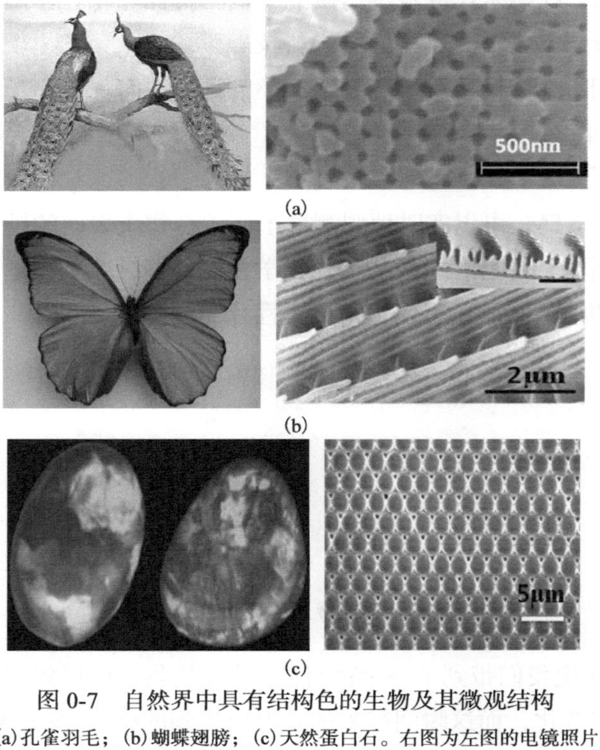

图 0-7　自然界中具有结构色的生物及其微观结构

(a)孔雀羽毛；(b)蝴蝶翅膀；(c)天然蛋白石。右图为左图的电镜照片

现在，我们借助电子显微镜一类的工具，已经搞清楚其中的一部分奥秘了，那就是它们的体内或者体表都存在着纳米级的粒子或者纳米结构。所以，探索它、发现它、制造它，就成为人类仿生学的重要内容之一。

纳米科技是一门多学科交叉的科学技术，它包括电子学、物理学、化学、生物学以及信息学、工程技术学等几乎所有学科。因此，纳米科技的健康发展将给人类社会带来一场深刻的、革命性的变革。

科学家们发现，普通材料加工到纳米尺度后会表现出一系列奇异的物理、化学和生物学特性。比如，原本导电的铜加工到某个纳米尺寸就不再导电，而绝缘的二氧化硅在达到某个纳米尺寸后开始导电。这是因为物质在纳米尺度下具有纳米效应，即：表面效应、小尺寸效应和宏观量子隧道效应等。

假设物体是球形实心微粒，密度是固定的，它的表面积与直径的平方成正比，其体积与直径的立方成正比，由于比表面积是单位质量(或单位体积)物质所具有的表面积，故其比表面积与直径成反比。所以，随着颗粒变小，比表面积将会显著增大(图 0-8 和表 0-1)。

在电子显微镜的电子束照射下观察这些超微粒，你会发现，它们的表面仿佛处于“沸腾”状态，有很多不饱和键，具有很高的活性。这是纳米级物质具有表面效应的根源。

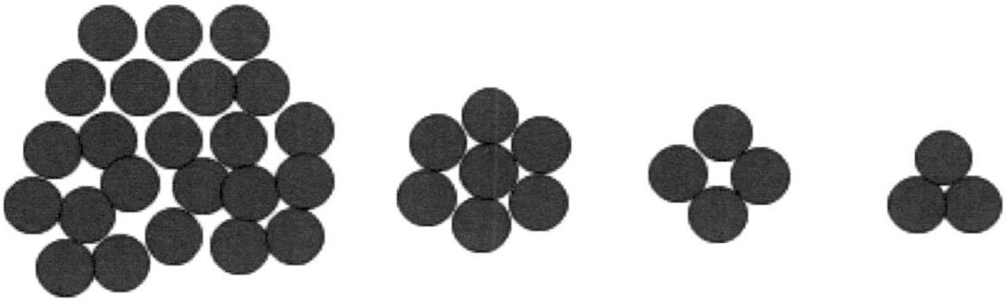

图 0-8　比表面积示意图

表 0-1　不同粒径的颗粒含有原子的个数及颗粒裸露表面所占的比例

直径/nm	原子个数	裸露表面/%
10	30 000	20
4	4 000	40
2	250	80
1	30	99

随着颗粒尺寸的量变，在一定条件下会引起颗粒的质变。由颗粒尺寸变小所引起的宏观物理性质的变化称为小尺寸效应。

物质尺寸变小其比表面积增加，从而会产生一系列新奇的性质，这包括特殊的光学性质、热学性质、磁学性质和力学性质等。比如：当黄金被细分到小于光波波长的尺寸时，即失去了原有的富贵光泽而呈黑色。事实上，所有的金属在其尺寸小于光波波长时都呈现黑色。再比如，当金属被加工到纳米级别时，其熔点比大块金属的熔点大幅度降低(见表 0-2)。以银为例，150 纳米以上的银的熔点是 962℃，当被加工到 5 纳米时，熔点就降低到 100℃，放到沸腾的水中即可熔融(图 0-9)。

表 0-2　大块金属与纳米尺度金属熔点比较

金属材料		熔点
金(Au)	大块 Au	1064℃
	2nm Au	327℃
铜(Cu)	大块 Cu	1084℃
	40nm Cu	750℃
银(Ag)	>150nm Ag	962℃
	5nm Ag	100℃

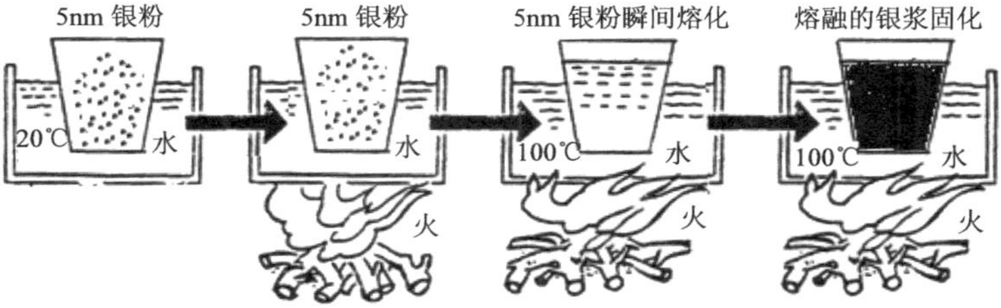

图 0-9　5 纳米银粉 100℃时熔融

其实，早在 600 多年前纳米技术就被我国古人用在徽墨制作和陶瓷制作的工艺中了。用徽墨(图 0-10)的画和书法，色泽黑润，浓而不滞，淡而不灰，层次分明；古瓷瓶上的釉色鲜艳饱满，釉面光润照人，历久不退(图 0-11)。

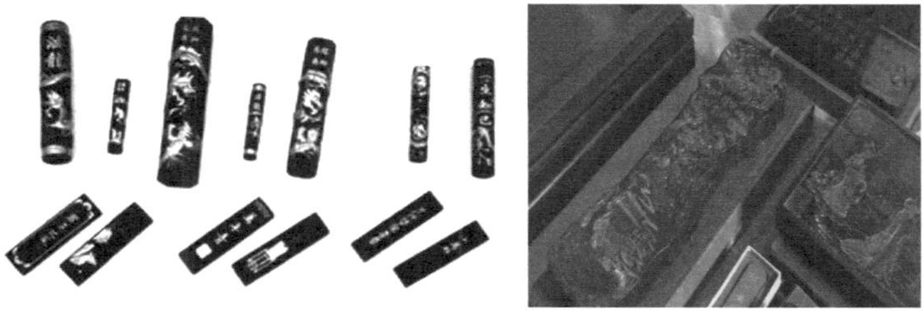

图 0-10　徽墨

图 0-11　古代瓷瓶

实验一　比表面积实验

1 实验目的

使学生掌握比表面积的计算方法，了解纳米材料具有巨大的比表面积。

2 实验原理

比表面积是指单位质量物料所具有的总表面积。分外表面积、内表面积两类。国标单位 m^2/g。理想的非孔性物料只具有外表面积，如硅酸盐水泥、一些黏土矿物粉粒、无孔纳米材料等；有孔和多孔物料具有外表面积和内表面积，如石棉纤维、岩(矿)棉、硅藻土、多孔纳米材料等。测定方法有容积吸附法、重量吸附法、流动吸附法、透气法、气体附着法等。比表面积是评价催化剂、吸附剂及其他多孔物质的重要指标之一。石棉比表面积的大小对它的热学性质、吸附能力、化学稳定性、开棉程度等均有明显的影响。纳米材料也不例外，巨大的比表面积，使其具有优异的性能。

3 实验用品

乳胶手套，琼脂块，塑料刀片，直尺，天平。

4 实验内容及步骤

(1)戴上手套。

(2)用塑料刀片把琼脂(图 1-1)切成边长为 4 厘米的立方体，用天平进行称量。结果填至表 1-1。

图 1-1　琼脂块

(3)计算边长为 4 厘米的立方体琼脂小块的表面积。

(4)将边长为 4 厘米的立方体琼脂块切成 4 个边长为 2 厘米的立方体块，用天平进行称量。

(5)计算 4 个边长为 2 厘米的立方体琼脂小块的体积和面积。

(6)将 4 个边长为 2 厘米的立方体琼脂块切成 16 个边长为 1 厘米的立方体块，用天平进行称量。

(7)继续切割琼脂块越来越小(图 1-2)。

表 1-1　实验数据

边长	立方体个数	质量	表面积	比表面积(表面积/质量)
4 厘米				
2 厘米				
1 厘米				
……				

图 1-2　边长为 1 厘米的 64 个琼脂小块

5 实验结果提示

琼脂块的总体积不变，密度不变，也就是质量不变，但是表面积和比表面积随边长变小而增大。（如果没有天平，为了方便，也可以用体积代替质量计算比表面积。）

6 实验问题

什么是材料的表面积和比表面积？

7 安全性及注意事项

本实验虽然用到刀片，但可以用塑料刀片，所以也适合于小学生实验。

实验二 纳米钢皂去除异味

1 实验目的

让学生掌握纳米材料具有巨大的比表面积，因此具有高的表面活性，可以用于吸附异味分子。

2 实验原理

纳米钢皂表面存在规则的纳米结构(图 2-1 和图 2-2)，具有巨大的比表面积，在水的帮助下，可以竞争吸附异味分子。

图 2-1 纳米钢皂实物图

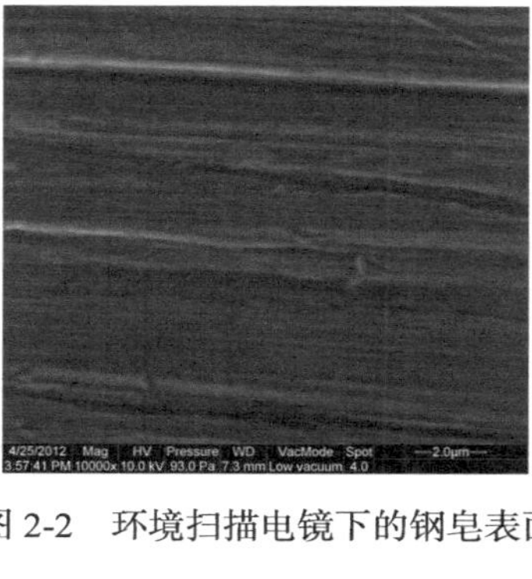

图 2-2 环境扫描电镜下的钢皂表面

3 实验用品

纳米钢皂，具塞广口瓶，香烟，保鲜膜，醋，花露水(或香水)、火柴。

4 实验内容及步骤

实验组：

(1)点燃香烟，将广口瓶倒置，香烟置于瓶口，使烟进入瓶内。约 5 分钟后，闻瓶内的气味。

(2)将湿润的纳米钢皂(第一次使用的钢皂最好在水中泡 5~6 小时活化)置于瓶内，加入一些水使钢皂一半没入、一半裸露，盖上瓶塞，用保鲜膜将瓶口密封。5 分钟后，打开瓶塞，闻瓶内的气味。

对照组：

(1)点燃香烟，将广口瓶倒置，香烟置于瓶口，使烟进入瓶内。约 5 分钟后，闻瓶内的气味。

(2)瓶内加入少量水，盖上瓶塞，用保鲜膜将瓶口密封。5 分钟后，打开瓶塞，闻瓶内的气味。

外延 可用花露水、香水和醋等其他有气味的物质代替香烟。也可将花露水、香水和醋等物质喷到左右手上，一只手用纳米钢皂洗 30 秒，另一只手仅用水洗 30 秒，然后比较双手的气味。

5 实验结果提示

实验组纳米钢皂在有水的情况下，能吸附异味分子，所以瓶中的异味变淡了；对照组气味没有明显变化。

6 实验问题

除了本实验中的纳米钢皂，还有哪些方法/物质可以去除异味？

7 应用实例

生活中人们经常遇到这样的问题：在室内吸烟后，味道很难清除；厨房、卫生间总有异味，即使用芳香剂也很难掩盖；杀鱼或者吃完海鲜、切完葱蒜之后，手上总会有难闻的气味，而且很难清除，即使用香皂洗很多遍仍然留有异味……

“异味留不住，腥味一扫而光”，纳米超级钢肥皂的出现，将使这一现状一去不复返。钢肥皂又名铁肥皂，也有人叫纳米超级钢肥皂、去味皂。这种“铁头铁脑”的钢肥皂呈圆饼状，大小相当于一块普通的肥皂。看上去厚厚实实，拿起来却相当轻。其材质是不锈钢，表面采用磨砂加工，使用时将其在水中冲洗 30~40 秒，并均匀地“打磨”手上各处，就能有效地去除鱼类、大蒜、洋葱等留在手上的异味。

此外，它还能去除家居生活中的各种异味。包块湿毛巾(或将钢肥皂一半浸在水碗里)，就可去除冰箱、卫生间、厨房、抹布、餐具、汽车、宠物窝以及新装修的房间内的异味，对人体产生的异味也有较明显的去除效果。洗澡时包块湿毛巾擦洗，还可除医药味、消毒水味、钞票味、汽油味、柴油味等大部分异味，特别适合家庭、办公室、酒店及宾馆使用。但是，纳米钢皂去味不去污，如有油污还是要先用洗涤剂清洗干净，再使用钢皂去味。

8 安全性及注意事项

本实验适合于各个年龄阶段的人进行，但实验用到广口瓶等玻璃器皿，故操作时须小心，避免因器皿破损而扎伤。闻香烟等刺激或有害气体时，正确的闻法是把瓶子放在距离鼻子 5~10 厘米处，打开盖子，用手轻轻扇气入鼻。

实验三 纳米四氧化三铁（Ⅰ）：超顺磁性

1 实验目的

让学生掌握四氧化三铁（Fe_3O_4）纳米粒子的超顺磁性及其机理，同时了解一些可能的其他应用。

2 实验原理

超顺磁性，通俗地说，就是被置入外界磁场中的时候，感应生出磁性（图 3-1），当把外界磁场撤离时，磁性就消失的特性。

图 3-1　外加磁场后 20nm 四氧化三铁形成的结构

铁磁性是材料的一种磁性状态，是具有自发性的磁化现象。各种材料中以铁最广为人知，故以此命名。这种材料被外部磁场磁化后，即使外部磁场消失，依然能保持其磁化的状态而具有磁性，此即“自发性的磁化现象”。所有的永久磁铁均具有铁磁性或亚铁磁性。通常，铁、钴、镍都是铁磁性物质。

永磁体，通俗地说，就是能够长期保持其磁性的物体。如天然的磁石和人造磁钢等。永磁体是硬磁体，不易失磁，也不易被磁化。

3 实验用品

20 纳米以下的四氧化三铁悬浮液，大头针，磁铁，样品瓶(或试管)，水。

4 实验内容及步骤

(1) 取 0.5 毫升 20 纳米以下的四氧化三铁悬浮液，滴到试管中，加入 10 毫升水稀释，振荡 1 分钟使四氧化三铁均匀分散。

(2) 将磁铁放在试管底部，观察试管中发生的现象。

(3) 将磁铁撤离试管底部，观察试管中发生的现象。

(4) 取一枚大头针，用磁铁接近大头针，观察发生的现象。

(5) 将磁铁上的大头针取下，用这枚大头针接近另一枚大头针，观察发生的现象。

(6) 比较试管中的四氧化三铁和大头针发生的现象。

5 实验结果提示

当磁铁接近试管底部时，试管中的四氧化三铁迅速聚集，沉积在底部，上层液体接近澄清(图 3-2)。

图 3-2　超顺磁性实验效果图

当磁铁撤离试管底部时，试管中的四氧化三铁迅速解离，分散到整个试管中，试管中液体浑浊。

当磁铁接近大头针的时候，大头针可以吸附在磁铁上。

当用接触过磁铁的大头针接近另外一枚大头针的时候，两个大头针吸到一起。说明原本没有磁性的大头针，与磁铁接触后，被诱导出了磁性。

实验中，20 纳米以下的四氧化三铁所显示的是超顺磁性，大头针显示的是铁磁性，实验所用的磁铁属于永磁体。

6 实验问题

鸽子为什么有认路的本能?

其实许多生物体内都含有天然的纳米磁性粒子，如向磁性细菌、鸽子、海豚、石鳖、蝴蝶、蜜蜂、人(大脑内)等。这些生物便能够在地磁场导航下辨别方向，从而能够“回家”。

20 纳米以下的四氧化三铁具有超顺磁性，在外磁场的作用下有磁性，去掉外磁场，则不具有磁性。这种磁性的应用，特别是在生物物质的富集、分离、药物的靶向以及疾病的诊断和治疗等诸多方面的应用，令人瞩目。

7 拓展阅读

四氧化三铁纳米颗粒是纳米新材料中的一类重要氧化物，其化学性质稳定，催化活性高，具有良好的耐光性、耐候性和对紫外线的屏蔽性，因此在精细陶瓷、塑料制品、涂料、催化剂、磁性材料以及医学和生物工程等方面有着广泛的应用价值和应用前景，所以研究和发展四氧化三铁纳米颗粒有着很重要的意义(图 3-3)。

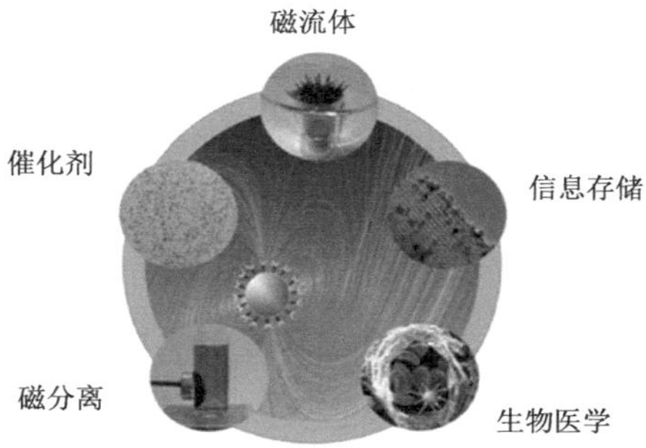

图 3-3　磁性材料的应用

铁的氧化物及其羟基氧化物按价态、晶型和结构的不同可分为(α-，β-，γ-)Fe_2O_3、(α-，β-，γ-，δ-)FeOOH、Fe_3O_4、FeO 等；按色泽的不同又可分为铁红、铁黄、铁棕和铁黑等。比较具有实用价值的是 α-FeOOH、α-Fe_2O_3、β-Fe_2O_3 和 Fe_3O_4。

1) 生物医学工程方面的应用

四氧化三铁纳米材料在生物医学领域有许多重要的应用(图 3-4)，尤其是近年来，它在肿瘤等疾病的早期诊断和治疗方面的应用取

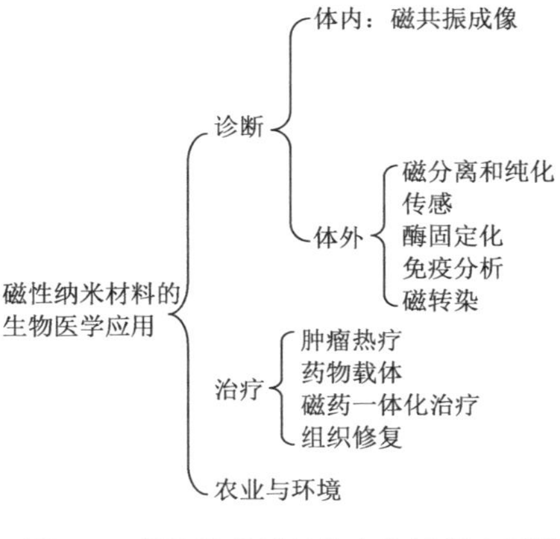

图 3-4　磁性纳米材料的生物医学应用分类

得了显著的进展。而且，与传统材料相比，它在灵敏度、治疗效果和降低毒副作用等方面表现出显著的优越性。具体地说，四氧化三铁纳米颗粒的主要作用可以归纳为以下四个方面：磁分离、药物输运载体、肿瘤热疗以及磁共振成像(MRI)。

(1)磁性分离和纯化

磁性纳米粒子粒径小、比表面积大、表面有许多悬空键，可以很容易进行表面修饰，将多种反应性功能基团(如羧基、氨基、巯基、生物素、单克隆抗体等)通过共聚、表面改性修饰其表面，使其具有一些特殊的性质。磁性分离技术是利用生物素与亲和素系统、免疫亲和系统、化学共价结合等的特异性反应，在外加磁场的定向控制下，磁性粒子通过亲和吸附、清洗、解吸等操作，可以从复杂的生物体系中分离出目标生物分子(如蛋白、核酸等)，具有磁性分离方便、特异性亲和吸附且敏感性高等众多优点(图3-5)。造血干细胞的移植是目前治疗白血病最为有效的方法，移植前对造血干细胞进行分离纯化可以确保移植的成功。将磁性纳米粒子用于造血干细胞的分离纯化，能使繁琐的分离过程变得简单，并且纯度可达98%以上，分离效率达到90%以上。

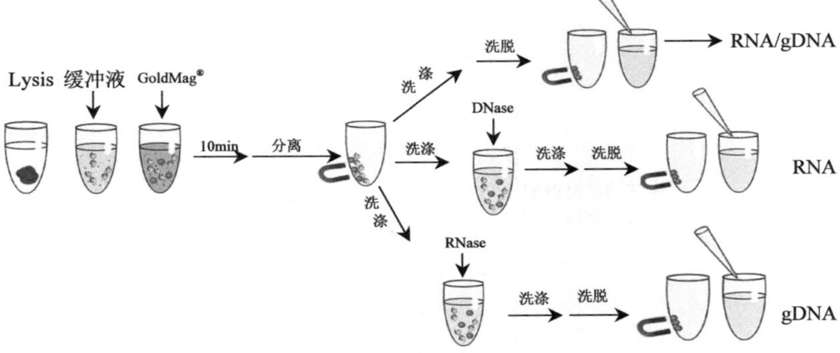

图 3-5　磁性材料分离遗传物质示意图

(2)磁共振成像对比剂

磁共振成像(MRI)技术是利用生物体内不同组织在外加磁场下产生不同的磁共振信号来成像，磁共振信号的强弱取决于组织内水分子中质子的弛豫时间，组织中的一些未成对电子自旋产生的局部磁场能够缩短或增加临近水分子质子的弛豫时间，从而影响临近区域的磁共振信号强度，提高成像的对比度。超顺磁性四氧化三铁纳米粒子主要应用于分子和细胞成像。当超顺磁性四氧化三铁纳米粒子通过静脉注射入进入人体后，与血浆蛋白相结合，并在调理素作用下被网状内皮系统识别，吞噬细胞就会把四氧化三铁纳米粒子作为异物而摄取，从而使超四氧化三铁纳米粒子沉积在网状内皮细胞丰富的组织和器官中。因此，超顺磁性四氧化三铁纳米粒子是一种网状内皮系统的 MRI 对比剂，可用于肝、脾、淋巴结、骨髓等富含网状内皮细胞的组织和器官的 MRI 增强。若是对纳米颗粒表面进行适当的修饰和特异性分子的偶联则可以实现更广泛的靶向应用(图 3-6)。

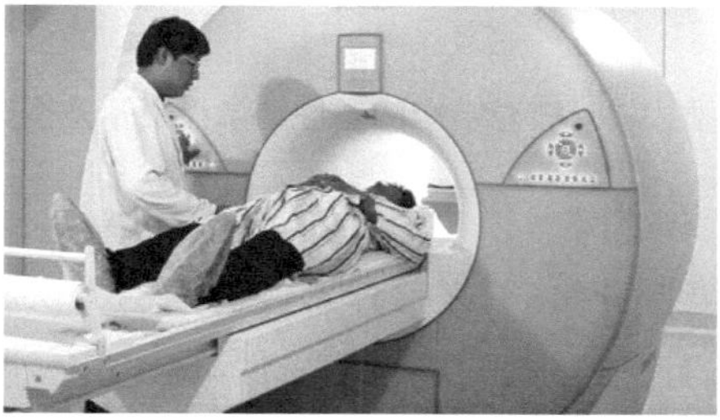

图 3-6　磁共振诊断

(3)磁性药物靶向载体

化疗是目前治疗恶性肿瘤的主要手段之一，近些年来，随着新药的不断涌现，肿瘤化疗取得了一定的进展。目前，治疗肿瘤的化疗药物一般是采用常规的注射途径，该方法会使这些药物均匀地分布在全身循环中，而它们在到达恶性肿瘤之前，要经过蛋白结合、代谢、排泄等步骤，致使血液中的药物浓度迅速降低，最终只有少量药物到达恶性肿瘤部位，要提高恶性肿瘤部位化疗药物的浓度，就必须提高全身循环系统的药物浓度，也就必须加大药物剂量。因此，这种没有特异性的给药方式降低了药物的生物利用度同时会对全身产生毒副作用，造成患者不能忍受其严重的毒副作用而终止临床治疗。磁性药物载体是磁性粒子和高分子耦合剂组成的(图 3-7)，由于在外加磁场下具有磁导向性，药物将集中于靶部位，能够增加对靶部位的治疗效果，同时减弱对全身的毒副作用。

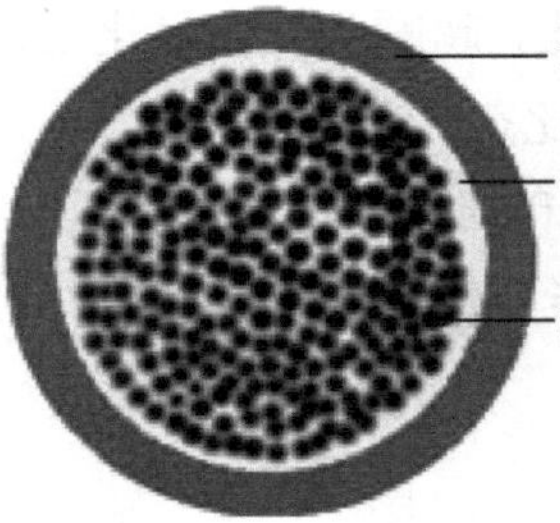

图 3-7　核壳结构的磁性纳米材料示意图

(4)肿瘤磁致热疗

将瘤区加热到 41~46℃来治疗恶性肿瘤的方法称为热疗，热疗是一种重要的治疗恶性肿瘤的手段。41~46℃的高温可影响生物膜功能和状态，激活溶酶体的活性，抑制脱氧核糖核酸(DNA)、核糖核酸(RNA)及蛋白质的合成，增加热休克蛋白的合成，从而起到杀死肿瘤细胞的作用。而与肿瘤组织比较，正常组织血液循环良好，散热快，所以不会受到影响。

传统的热疗系统在对肿瘤组织加热的同时往往会损伤周围的正常组织，磁性纳米粒子的出现，为解决这一问题提供了新途径，即磁致热疗。首先，磁性纳米粒子通过注射等方式进入血液循环系统，然后在体外恒定磁场下导向到肿瘤组织，最后，交变磁场使磁性纳米粒子发生磁滞损耗而产生热量，使温度升高到 41℃以上而杀死周围肿瘤细胞。磁性纳米粒子的引入，改善了传统热疗的靶向定位问题，提高了热疗效率，使肿瘤热疗走向临床应用成为可能，该方法继承了传统热疗微创的优点，同时又具有靶向效应好的特点，已成为恶性肿瘤治疗的焦点之一。

（5）磁性转染

磁性转染是以磁性纳米粒子为载体，将 DNA 负载到磁性纳米粒子上，然后在外界磁场的影响下转染到细胞内的方法。与病毒或其他非病毒载体相比，由于磁性纳米粒子被修饰后带有易于和带负电荷的 DNA 结合的正电荷，转染效率提高几十到几千倍。

（6）组织修复

磁力组织工程采用磁性阳离子脂质体纳米粒子（其内核是四氧化三铁）标记细胞，利用磁力集聚促进细胞分层，形成多层片层三维组织结构。这一方法目前已应用于人间充质干细胞和视网膜色素上皮细胞，用于生成相关组织结构。

（7）磁性纳米颗粒的多功能化和应用

随着对磁性纳米材料研究的深入，人们已经不满足于单一功能颗粒的应用，逐渐构建了多功能的磁性纳米颗粒。同时在磁性纳米颗粒表面连接多种功能性分子，如抗体、药物分子、报告基因等，就构成了多功能磁性纳米颗粒（图 3-8）。这种多功能磁性纳米颗粒靶向到肿瘤部位后，可以对肿瘤进行诊断和治疗（药物治疗和磁致热疗）。

图 3-8　磁性诊断试剂

2) 工业技术应用

(1) 在磁记录方面的应用

在 20 世纪计算机刚问世的时候，所用的存储设备是磁带。随着技术的进步，人类发现了巨磁阻效应(磁性材料的电阻率在有外磁场时与无外磁场时有巨大变化的现象)，并成功地应用这一原理开发出容量各异的硬盘。硬盘利用磁性颗粒的磁性来记录数据，硬盘的盘片数量和盘片大小都已经标准化，由于物理尺寸限制，若要提升硬盘的容量，就必须提高磁区的存储密度，因此随着纳米加工技术的进步，用于存储的磁颗粒也是越来越小，目前，采用三维立体存储技术制作的容量为 3TB 的硬盘已商业化(图 3-9)。

图 3-9　大容量硬盘

(2)在纳米吸波材料领域的应用

雷达、微波通信、电子对抗等军用及民用科学技术的发展，对微波吸收材料提出了更高的要求，虽然有很多材料都具备吸波性能，但是能满足广谱吸收要求的，还要数磁性纳米吸波材料。纳米铁氧体具有复介质吸收特性，是微波吸收材料中较好的一种。将类似铁氧体的纳米磁性材料放入涂料中，能够使涂料既有优良的吸波特性，又有良好的吸收和耗散红外线的性能。

(3)用作气敏传感器

根据纳米粒子的表面效应(当外界环境发生变化时，粒子表面或界面上的离子价态和电子亦发生变化的特点)，适当掺杂重金属可使提高磁性纳米材料的导电性和灵敏度。因此，可将纳米氧化铁制成灵敏的传感器，用于氢气、乙醇、一氧化碳及其他有毒气体的检测。

3)环境治理

(1)水处理

由于比表面大，磁性纳米材料可以在较宽的酸度范围内吸附大量的六价铬，并且吸附效率高，吸附时间短，材料还可以重复使用，对于处理环境污水中的六价铬具有一定的应用价值。同时，磁性纳米材料对水中的砷也具有很好的吸附能力，而且砷一旦被吸附就很难分离。在试验中，水中悬浮着的纳米磁性材料在磁场作用下都被移出了溶液，只剩下净化水，可以使饮用水中砷污染物含量降低到美国环保署要求的水平。

(2)吸附脱硫

吸附脱硫由于可在常温常压条件下操作，并对有机硫有较高的吸附选择性，在深度脱硫方面显示出特有的优势，是目前燃油脱硫采用的主要技术之一，但缺点是吸附剂很难从燃油中分离出来。磁载体技术可以克服目前常用的一些脱硫技术(如离子交换、沉淀、吸附、离子浮选、反相渗透技术)的局限性，有巨大的应用前景，故而引起了人们的极大兴趣。该技术一方面利用了磁性材料具有磁响应的特性，另一方面利用了纳米材料比表面积大同时易于修饰的特点。

4)其他应用

(1)透明颜料

由于纳米氧化铁具有明显的小尺寸效应，可以导致光的衍射，从外观上看是透明的，当其分散在透明介质中制成连续的薄膜时具有透明的着色效果，所以又称之为透明氧化铁。纳米氧化铁具有很好的耐温、耐候、耐酸碱以及高彩度、高着色力、高透明度和强烈吸收紫外线等卓越性能，是传统氧化铁颜料所无法比拟的，这使得透明氧化铁在高档汽车面漆、建筑涂料、防腐涂料等粉末涂料及塑料、尼龙、橡胶、油墨等许多领域中都得到了广泛应用。

(2)催化剂

纳米粒子制成的催化剂活性、选择性都高于普通催化剂，还具有寿命长、易操作等特点。目前，磁性纳米催化剂主要应用于固体酸催化、固体碱催化、Heck 反应催化、光催化以及催化氧化等领域。

(3)磁密封

早在 20 世纪 60 年代，科学家就已经利用磁性纳米粒子的超顺磁性，将其用于磁密封。例如宇航员头盔的密封就是纳米磁性材料的最早重要应用之一。

总之，磁性纳米材料的应用涉及多个领域，在机械、电子、光学、磁学、化学和生物学领域有着广泛的应用前景。纳米科技的诞生将对人类社会产生深远的影响，21 世纪初期的主要任务是利用纳米材料各种新颖的物理、化学和生物特性设计出各种新型材料和器件，通过纳米材料及技术对传统产品进行改性，发展纳米结构的新型产品，增加其科技含量。目前这项工作已展现出广阔的前景，具备了形成新的经济增长点的基础。而磁性纳米材料作为纳米材料科学领域一个明星，在新材料、能源、信息、生物医学等各个领域将发挥重要作用。

8 安全性及注意事项

本实验适合于各个年龄阶段的人实验。由于用到玻璃制品，操作时须小心，避免扎伤。

实验四 纳米四氧化三铁（Ⅱ）：去除污染物

1 实验目的

让学生掌握粒径 20 纳米以下四氧化三铁（Fe_3O_4）具有巨大的比表面积以及超顺磁性，可以用于环境治理，去除水中的高含量有毒重金属。

2 实验原理

四氧化三铁纳米粒子具有巨大的比表面积，因此染料分子能够吸附在四氧化三铁纳米粒子上，再利用四氧化三铁纳米粒子的超顺磁性，可将染料分子从水中除去（图 4-1）。

图 4-1　利用 Fe_3O_4 纳米粒子将染料从水中除去

3 实验用品

四氧化三铁纳米胶体溶液，铁锈，试管（或小瓶子），多种染料，磁铁，玻璃棒。

4 实验内容及步骤

实验组：

(1) 在试管内加入少许染料，观察试管内染料的颜色以及透明度。

(2) 加入少许四氧化三铁纳米胶体溶液，用玻璃棒搅拌均匀，观察颜色以及透明度。

(3) 将磁铁靠近试管底部，观察溶液颜色及透明度的变化。

(4) 将磁铁撤离，并远离试管，观察溶液的变化。

(5) 再次将磁铁靠近试管底部，然后将溶液倾倒出来，观察底部剩余物质的颜色。

对照组：

(1) 在试管内加入少许染料，观察试管中染料的颜色以及透明度。

(2) 加入少许铁锈，用玻璃棒搅拌均匀，观察溶液颜色以及透明度。

(3) 将磁铁靠近试管底部，观察溶液的变化。

(4) 将磁铁撤离，观察溶液的变化。

(5) 再次将磁铁靠近试管底部，然后将溶液倾倒出来，观察底部剩余物质的颜色。

可以尝试加入其他有颜色的物质，观察变化。

5 实验结果提示

实验组加入染料后，试管内浑浊，颜色很深。当加入四氧化三铁纳米悬浮液后，染料的颜色逐渐变浅。当用磁铁靠近试管底部时，四氧化三铁纳米粒子全部沉积于瓶子底部，上清液颜色变浅直至澄清。如图 4-2 所示(从左到右)，第 1、3、5 个为未加四氧化三铁纳米粒子的染料溶液，第 2、4、6 个是依次对应于第 1、3、5 个的加入四氧化三铁纳米粒子后的染料溶液(试管下方是磁铁)。

对照组加入铁锈后，变化并不明显，铁锈沉淀在试管底部。当磁铁靠近试管底部时，试管内也没有明显变化。

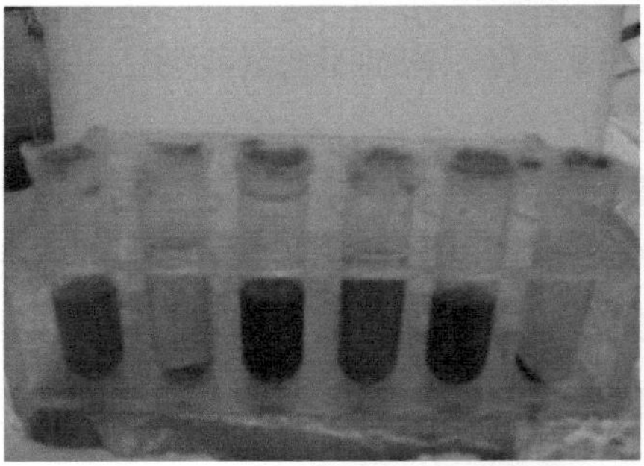

图 4-2　溶液加入四氧化三铁纳米粒子前后对照图

6 实验问题

如何去除水中的有机污染物?

7 应用实例

淡水是人类最重要的资源之一。但随着人口的增长和经济的发展，水污染日益加剧，如何保障廉价获取清洁的水资源成为人类面临的日益紧迫的问题。尽管传统的水处理方法能去除水中的大部分杂质，但在处理某些具有高毒性物质，比如某些重金属时，效率并不高。

砷是水中的一种常见污染物，而饮用水的砷污染是一个全球性问题，它既可能来自于自然界也可能来自于人为。统计显示，摄入砷与膀胱癌、直肠癌的发病率增加有明显关系。虽然现在有办法去除砷，但需要昂贵的硬件设施并耗费大量的电。

纳米级的四氧化三铁颗粒对砷具有很好的吸附能力，而且砷一旦吸附上就很难解离。在试验中，水中悬浮着的纳米铁氧化物颗粒在磁场作用下，都被移出了溶液，同时带动其他颗粒一起被移，只剩下净化水。经过不断的试验证明，这种颗粒可以使饮用水中砷污染物含量减少到美国环保署要求的水平。此外，但令人惊讶的是，并不需要多大的电磁场就能从水中移除纳米磁性颗粒，某些情况下手持磁铁就能胜任。可见，利用磁性纳米四氧化三铁处理水中的砷具有方法简单且无需耗电的优点。目前使用的纳米颗粒还比较贵，但制造纳米铁锈的原料并不贵，如果加工方法成熟或有新的生产方法，成本会很低。

8 安全性及注意事项

本实验适合于各个年龄阶段的人实验。由于实验用到试管等玻璃器皿，操作时须小心，避免因器皿破损而扎伤。

实验五 纳米四氧化三铁(Ⅲ)：催化制氧

1 实验目的

让学生了解某些纳米材料由于巨大的比表面积，外表有很多不饱和键，因而具有不同于常规尺寸物质的化学活性，使其有很高的催化性能；意识到原本没有催化性能的四氧化三铁，粒子尺寸达到纳米量级后还具有类似人工模拟酶的催化性能。

2 实验原理

纳米四氧化三铁可作为催化剂催化双氧水，生成水和氧气，而其身在反应前后没有变化；微米级以上的铁锈，由于尺寸较大，催化的效果不明显。反应式如下：

$$2H_2O_2 \xrightarrow{\text{催化剂}} 2H_2O+O_2$$

3 实验用品

纳米四氧化三铁悬浮液，双氧水，辣根过氧化物酶，15%过氧化氢溶液，铁粉，大颗粒的铁锈，木炭，石灰水。

大试管，锥形瓶，橡皮塞(单双孔)，集气瓶，玻璃片，水槽，铁架台(带铁夹)，长颈漏斗，分液漏斗，弹簧夹，药匙，导管，木条，火柴，气球，带活塞的玻璃直管和U形管。

4 实验内容及步骤

1) 制氧步骤

查：检查装置的气密性。用夹子把导管夹上(应使用两节导管，中间用较短橡皮管连接，便于检查)，然后往长颈漏斗中加水,长颈漏斗颈部的水柱如不下降，说明气密性良好。

装：装药品，先装固体，后装液体(防止液体飞溅)。

收：收集气体。可以使用排水法(图 5-1)或向上排空气法(图5-2)。

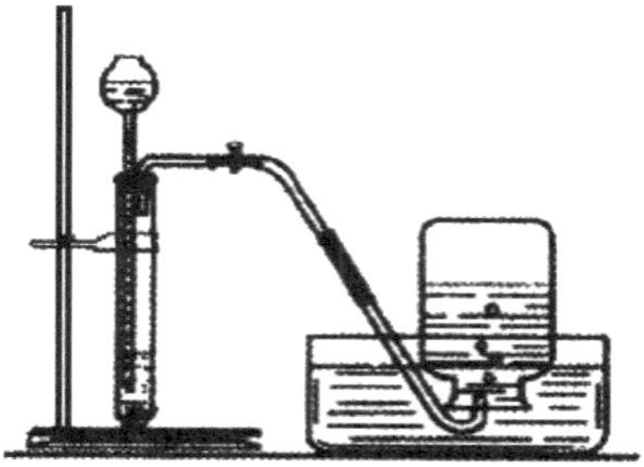

图 5-1　向上排空气法收集氧气

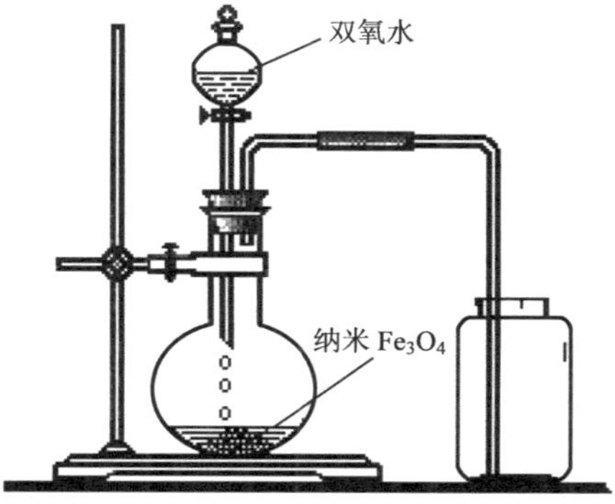

图 5-2　排水法收集氧气

长颈漏斗的颈部应在液面以下，以防止气体从长颈漏斗泄露。为方便控制反应的发生、停止以及反应的速度，可用分液漏斗代替（图 5-3 和图 5-4）。

图 5-3　各种容量的分液漏斗

图 5-4　固定在铁架台上的分液漏斗

(1) 导管应稍露出橡皮塞：便于气体排出。

(2) 排水法收集时，待气泡均匀连续冒出时再收集（刚开始排出的是试管中的空气，此时收集气体不纯）。

(3) 用向上排空气法收集气体时，导管伸到集气瓶底部，以便把空气排尽。

2) 氧气的检验与验满

将带火星的木条伸入集气瓶内，若木条复燃，则说明已制备出氧气；用带火星的木条放在集气瓶瓶口，若木条复燃，则说明氧气已集满（图 5-5）。

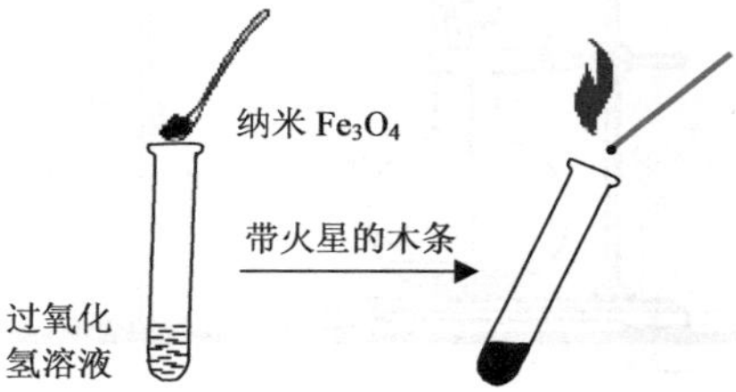

图 5-5　氧气集满检验示例：带火星的木条复燃

5 实验结果提示

实验室制取氧气是初级化学的一个实验，通常用二氧化锰作催化剂，这里可以用纳米四氧化三铁、辣根过氧化物酶代替。可用氧化铜、木炭、石灰水等做对照实验。实验完毕后，性状似二氧化锰的还可以用过滤法回收。

若能够催化生成氧气，则可以使带火星的木条复燃。辣根过氧化物酶和纳米四氧化三铁均可催化双氧水，加快生成氧气，可以使带火星的木条复燃。而大颗粒的铁锈、木炭和石灰水效果不明显，不能使带火星的木条复燃。

6 实验问题

什么物质可以作为过氧化氢制氧气的催化剂?

7 应用实例

家里过期的消毒用双氧水是否完全变质，是否还可以用呢？我们就可以通过这个实验加以检验：若实验过程中观察到试管内有大量气泡产生，且带火星的木条复燃，说明该瓶双氧水没有完全变质；若该瓶双氧水完全变质，则瓶内的液体是水。

8 拓展阅读

天然酶在生物医药、化工、食品加工和农业上都有广泛的应用。作为一类生物催化剂，它们具有催化高效、特异性好且反应条件温和等诸多优点。但是由于大多数天然酶是由蛋白质构成，因而易受环境影响而变性失活，例如温度大于或小于37℃，均会造成天然酶活性显著下降，甚至变性失活；天然酶对酸度(通常用氢离子浓度的负对数 pH 表示）有很强的依赖性，pH 过高或者过低都会造成天然酶活性显著下降等。此外，天然酶的制备纯化相对烦琐且耗时，因此价格也相对昂贵。以上这些缺点导致天然酶在工业上的应用受到很多限制。为克服天然酶的这些缺陷，研究人员一直在寻找其替代物。经过多年的努力，一些有催化功能的材料终于浮出水面，它们具有类似天然酶高效和特异的催化活性，但化学结构更为简单，性能更稳定，受环境影响小，通常称这类物质为人工模拟酶。迄今为止，各国学者在人工模拟酶的研究方面做了大量的工作，成功制备了多种功能性有机分子模拟酶（如超分子模拟酶、印迹高分子模拟酶以及有机分子团簇模拟酶等）、人工核酶、细胞色素 P450 模拟酶、及过氧化物模拟酶等。其中研究较多的是过氧化物模拟酶，如细胞色素 C、生物小分子氯化血红素，以及化学合成的可溶性金属卟啉化合物、金属酞菁化合物和环糊精等。但这些化合物均为有机物，在很长一段时间里，都没有无机模拟酶的身影。纳米科技的发展，使无机物成为人工模拟酶有了可能。

四氧化三铁磁性纳米颗粒（Fe_3O_4 MNP）因在磁共振成像和磁分离技术上的应用而获得了广泛关注。过去认为它呈生物和化学惰性，只有通过包覆金属催化剂或共价交联酶才能赋予其催化功能。然而，2007 年中国科学院研究人员首次发现 Fe_3O_4 MNP 具有新奇的类过氧化物酶（peroxidase-like）活性，其催化动力学可以用经典的米氏方程来描述；并利用这一催化特性，提出了基于纳米颗粒的酶联免疫吸附剂测定（enzyme linked immunosorbant assay, ELISA）方法（图 5-6）。用 Fe_3O_4 MNP 取代常规 ELISA 方法中的辣根过氧化物酶（horseradish peroxidase, HRP）作为催化剂，以四甲基联苯胺（TMB）为显色底物，检测乙肝病毒表面抗原和肌钙蛋白，结果显示该探测体系有很好的响应性。随后，国内外一些研究组也开展了

Fe_3O_4 MNP 类过氧化物酶特性的研究并将其用于检测。基于类似的思路，有科研人员将材料体系推广到 FeS。发现片状 FeS 纳米结构也具有类过氧化物酶活性，可作为生物催化和电化学催化的模拟酶。除了与铁化合物有关的纳米颗粒(NP)外，也有科学家发现氧化铈 CeO_2 NP 表现出类氧化酶特征。在酸性 pH 时，CeO_2 NP 能催化 TMB，使 2,2-联氮-二(3-乙基-苯并噻唑-6-硫黄)二铵盐(ABTS)氧化。

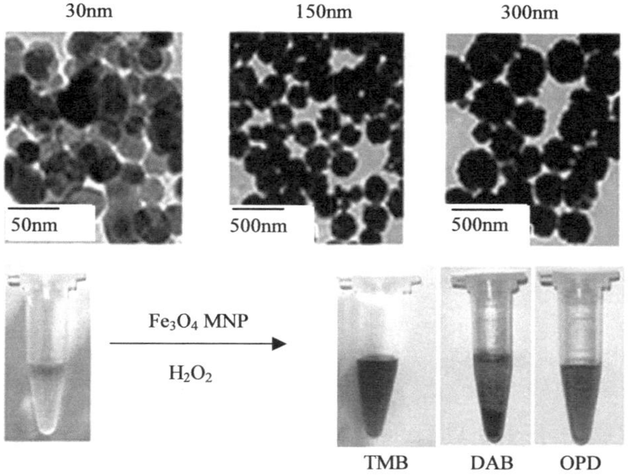

图 5-6　纳米四氧化三铁的类酶催化

在最初的 Fe_3O_4 MNP 类过氧化物酶研究中，考虑了三种不同尺寸 Fe_3O_4 MNP，分别是 30nm、150nm 和 300nm。与辣根过氧化物酶类似，它们在较温和的条件下均可将辣根过氧化物酶常用底物 TMB、重氮氨基苯(DAB)和邻苯二胺(OPD)催化氧化显色(图 5-6)；随着 Fe_3O_4 颗粒尺寸的增大，其催化活性下降，也就是说存在明显的尺寸依赖性。对其催化动力学表征表明：与辣根过氧化物酶相比，其对应的 TMB 米氏常数更低，表明其具有更好的亲和性；相同浓度时其催化活性是辣根过氧化物酶的 40 倍。与辣根过氧化物酶不同，Fe_3O_4 MNP 的类过氧化物酶活性在较宽的浓度范围对 H_2O_2 有响应；而且，Fe_3O_4 MNP 不容易受温度或酸度的影响(图 5-7)。

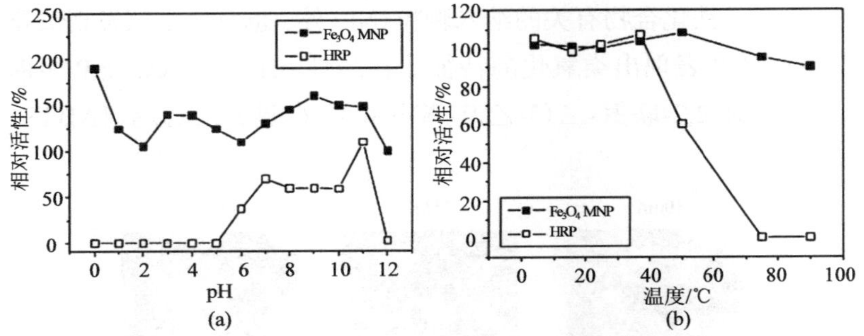

图 5-7　Fe_3O_4 MNP 与辣根过氧化物酶(HRP)的稳定性比较

(a) Fe_3O_4 MNP 和 HRP 先在 pH 0~12 的缓冲溶液中培养 2 小时，然后在标准条件下测(类)过氧化物酶的活性；(b) Fe_3O_4 MNP 和 HRP 先在 4~90℃的温度范围内培养 2 小时，然后在标准条件下测(类)过氧化物酶的活性

9 安全性及注意事项

本实验由于使用具有一定腐蚀性的双氧水以及大量玻璃制品，适合于有一定化学知识的青少年实验，不适合于小学生。

实验六 纳米二氧化钛（I）：光催化

1 实验目的

让学生掌握纳米二氧化钛（TiO_2）的光催化特性及其机理，了解纳米 TiO_2 可以用于空气净化和水净化。

2 实验原理

当二氧化钛粒子的粒径达到纳米尺度时会产生质的改变，变得非常活泼。经紫外光照射后，二氧化钛催化水生成化学性质很活泼的超氧化物阴离子自由基和氢氧自由基，自由基可以攻击有机物（如甲醛、苯等）和微生物（如细菌、病毒等），最终使有机物降解为水和二氧化碳（图 6-1）。

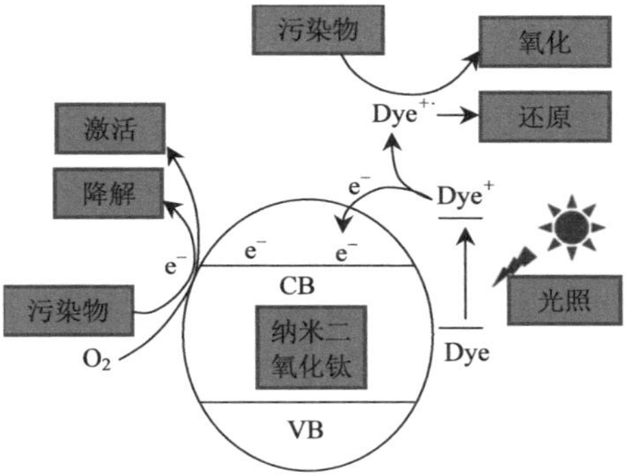

图 6-1 光催化机理示意图

3 主要实验用品

纳米 TiO_2 胶体溶液（1g/L），紫外灯，亚甲基蓝试纸或 pH 试纸或石蕊试纸，护目镜。

4 实验内容及步骤

（1）取两张亚甲基蓝试纸或石蕊试纸（图 6-2）。

（2）在其中一张上面滴少量纳米 TiO_2（浓度为 1g/L）胶体溶液，使其黏附纳米 TiO_2 光催化剂（图 6-3）。

（3）将两张试纸同时置于紫外下，比较试纸颜色随时间的变化。

(a)　(b)　(c)

图 6-2　几种常用 pH 试纸

(a) 亚甲基蓝试纸; (b) pH 试纸; (c) 红色、蓝色石蕊试纸

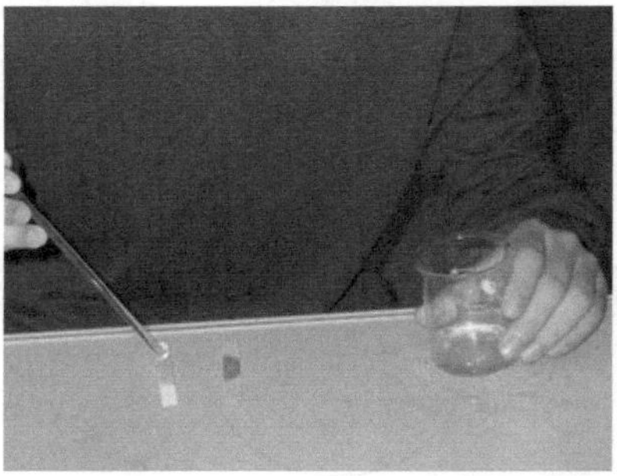

图 6-3　在试纸上滴加纳米二氧化钛悬浮液

5 实验结果提示

起初，两条试纸均呈蓝色，但随着紫外光照时间的延长，涂覆了少量纳米 TiO_2 的试纸条的颜色逐渐消退，而没有涂覆纳米 TiO_2 的试纸条依然保持蓝色不变。如果光照时间足够长，涂覆了纳米 TiO_2 的试纸条其颜色会完全消失。

6 实验问题

如何去除刚装修好房间的异味？

7 应用实例

自从 1972 年日本学者 A. Fujishima 和 K. Honda 首次报道 n 型半导体二氧化钛电极在紫外光照下分解水制备氢气之后，关于纳米二氧化钛光催化材料的制备、表征及其应用成为人们关注的研究热点之一，40 年来相关工作得到了长足的发展。纳米二氧化钛具有十分优异的光学性质、很高的化学稳定性和热稳定性、无毒性、超亲水性、非迁移性，所以被广泛应用于能源、环境、纺织、建材、交通工具及诸多领域的抗紫外材料、纺织品、光催化触媒、自洁玻璃、防晒霜、涂料、油墨、食品包装材料、造纸、航天部件中，显示出广阔的发展前景。

1) 抗紫外线功能

按照波长的不同,紫外线分为短波区 190~280 nm、中波区 280~320 nm、长波区 320~400 nm。短波区紫外线能量最高，但在经过臭氧层时被阻挡，因此，对人体伤害的一般是中波区和长波区紫外线。纳米二氧化钛既能吸收紫外线，又能反射、散射紫外线，还能透过可见光，是性能优越、极有发展前途的物理屏蔽型紫外线防护剂。

纳米二氧化钛的强抗紫外线能力源于其高折光性和高光活性。其抗紫外线能力及机理与其粒径有关：当粒径较大时，对紫外线的阻隔以反射、散射为主，且对中波区和长波区紫外线均有效，防晒机理是简单的遮盖，属一般的物理防晒，防晒能力较弱；随着粒径的减小，光线能透过纳米二氧化钛的粒子面，对长波区紫外线的反射、散射性不明显,而对中波区紫外线的吸收性明显增强，其防晒机理是吸收紫外线，主要吸收中波区紫外线。

由此可见，纳米二氧化钛对不同波长紫外线的防晒机理不一样，对长波区紫外线的阻隔以散射为主，对中波区紫外线的阻隔以吸收为主。

纳米二氧化钛在不同波长区均表现出优异的吸收性能，与其他有机防晒剂相比，纳米二氧化钛具有性能稳定、效果好等特点。纳米二氧化钛的透明性和紫外线吸收能力使其还可用作食品包装膜、油墨、涂料、纺织制品和塑料填充剂，可以替代有机紫外线吸收剂，用于涂料中可提高涂料的耐老化能力。

2) 光催化功能

光催化是纳米半导体材料独特的性能之一。纳米半导体材料能把光能转变为化学能，不但能有效地将有机污染物完全降解，还能降解一些无机污染物；不仅能够用于处理污水和净化空气，还能破坏细菌和病毒外表层，应用于抗菌。具体地说，纳米粒子的量子尺寸效应导致其吸收光谱的边带蓝移，促进半导体催化剂光催化活性的提高；纳米材料比表面积很大，增强了半导体光催化剂吸附有机污染物的能力。

研究表明，光催化剂可以很好地降解甲醛、甲苯等污染物，其中纳米二氧化钛的效果最好，几乎可以达到100%。纳米二氧化钛以其化学性质稳定，光催化活性高，且成本低、无污染、抗光腐蚀、应用范围广的特点而备受重视，成为光催化材料研究的重点，是目前应用最广泛的纳米光催化材料，也是最具有开发前途的绿色环保型催化剂。纳米二氧化钛能处理多种有毒化合物，包括工业有毒溶剂、化学杀虫剂、木材防腐剂、染料及燃料油等，迄今详细研究过的能处理的有机物达 100 种以上。此外，二氧化钛光催化技术还可以用于无机污染物的处理。因此，纳米二氧化钛光催化剂在工业和生活废水废气净化、光能转换、抗菌除臭等领域具有广阔的应用前景。

(1)气体净化

环境有害气体可分为室内有害气体和大气污染气体。室内有害气体主要有装饰材料等放出的甲醛及生活环境中产生的甲硫醇、硫化氢及氨气等。纳米二氧化钛通过光催化作用可将吸附于其表面的这些物质分解氧化，从而使空气中这些物质的浓度降低，减轻或消除环境不适感。室外的其他无机污染物，如氰化物，二氧化硫、硫化氢、一氧化氮和二氧化氮等有害气体也能被吸附在二氧化钛表面，在光的作用下被降解。例如，纳米二氧化钛光催化剂可用于石油、化工等工业废气处理，改善厂区周围空气质量；纳米二氧化钛光催化剂可用于家庭和餐厅厨房油烟处理，减少废气排放。

另外，纳米二氧化钛在光照下对环境中微生物的抑制或杀灭作用，因此，纳米二氧化钛能净化空气，具有除臭功能。目前，利用纳米光催化二氧化钛治理空气污染已经得到广泛应用，国内外出现了很多产品，例如纳米空气净化器(图 6-4)、中央空调净化模块、光触媒涂料等，市场前景非常广阔。

图 6-4　采用纳米二氧化钛的空气净化器

(2) 有机废水处理

纳米二氧化钛复合材料对有机废水的处理，效果十分理想。以纳米二氧化钛为光催化剂，在光照的条件下，可使水中的烃类、卤代物、羧酸等发生氧化-还原反应，并逐步降解，最终完全氧化为环境友好的二氧化碳和水等无害物质。

(3) 无机污水处理

除有机物外，许多无机物在纳米二氧化钛表面也具有光学活性，例如无机污水中的 Cr^{6+} 接触到纳米二氧化钛催化剂表面时，能够捕获表面的光生电子而发生还原反应，使高价有毒的 Cr^{6+} 降解为毒性较低的 Cr^{3+}，从而起到净化污水的作用；一些重金属离子如 Pt^{4+}，Hg^{2+}，Au^{3+} 等，在催化剂表面也能够捕获电子而发生还原沉淀反应，可回收污水的无机重金属离子。

(4) 抗菌

在紫外线作用下，用纳米二氧化钛深度处理自来水，可大大减少水中的细菌，处理过的水无致突变作用，达到安全饮用水的标准；在涂料中添加纳米二氧化钛可以制造出杀菌、防污、除臭、自洁的抗菌防污涂料，可应用于医院病房、手术室及家庭卫生间等细菌密集、易繁殖的场所，可有效杀死大肠杆菌、黄色葡萄糖菌等有害细菌，防止感染；把纳米二氧化钛涂在陶瓷表面上，高温烧结后，在光照射下，能彻底杀死表面的细菌。如果想让陶瓷在微弱光照下也有抗菌性，可在纳米二氧化钛浆料中加银、铜等离子化合物。这种陶瓷的耐用性、耐酸和耐碱性好，是医院、宾馆、家庭卫生设施等抗菌除臭的理想陶瓷(图 6-5 和图 6-6)。在制备功能纤维的过程中，将纳米尺度的二氧化钛、二氧化硅、氧化锌等粉体掺入天然或人工聚合物或长丝中，再进行纺织，就可以制出各种抗菌和除臭的纤维。

图 6-5　涂覆纳米二氧化钛的建筑外墙

图 6-6　涂覆纳米二氧化钛的室内环境

纳米二氧化钛的抗菌特点是：抗菌能力强，抗菌范围广；无臭味、怪味，气味小；耐水洗，储存期长；热稳定性好，高温下不变色、不分解、不挥发、不变质；起效快；抗菌效果持久；具有良好的生物安全性。

3) 防雾及自清洁功能

纳米二氧化钛薄膜在光照下具有超亲水性和永久性，因此其具有防雾功能。如在汽车后视镜上涂覆一层纳米二氧化钛薄膜，即使空气中的水分或者水蒸气凝结，冷凝水也不会形成单个水滴，而是形成水膜均匀地铺展在表面，所以表面不会发生光散射的雾。当有雨水冲过，在表面附着的雨水也会迅速扩散成为均匀的水膜，这样就不会形成分散视线的水滴，使得后视镜表面保持原有的光亮，提高行车的安全性。

纳米二氧化钛具有很强的“超亲水性”，在它的表面不易形成水珠，而且纳米二氧化钛在可见光照射下可以对碳氢化合物作用。利用这样一个效应可以在玻璃、陶瓷和瓷砖的表面涂上一层纳米二氧化钛薄层，利用氧化钛的光催化反应就可以把吸附在氧化钛表面的有机污染物分解为二氧化碳和氧气，而无机物可被雨水冲刷干净，从而实现自清洁功能。纳米二氧化钛光催化作用使得高层建筑的玻璃、厨房容易粘污的瓷砖、汽车后视镜及前窗玻璃的保洁都可很容易地进行。

4) 作为锂离子电池、太阳能电池原料

纳米二氧化钛添加到锂离子电池里，可提高锂电池容量及循环稳定性，特别是循环时放电电压平台的稳定性，有效提高电池在多次充放电过程中的电化学稳定性和热稳定性，电池在使用过程中更稳定、更耐用。

5) 在纺织上替代 PVA

在纤维纺织成纱的过程中，为了减少经纱断头必须上浆。我国从 20 世纪五六十年代开始使用的聚乙烯醇(PVA)浆料是高分子化合物，在自然环境中很难降解。因此在欧洲部分国家被列为“不洁浆料”，已经被明令禁止使用。欧盟对 PVA 的限制，是我国棉纺织品出口面临的绿色贸易壁垒，成为我们关注的重点。因此，开发绿色环保浆料，取代难降解的 PVA 是国内纺织行业一直寻求的“破壁”目标。

纳米二氧化钛用在纺织浆料里面，通过与淀粉的完美结合，可以提高纱线的综合织造性能，减少 PVA 的用量，煮浆时间短，降低了浆料成本，提高浆纱效益，也解决了 PVA 浆料不易退浆、环境污染等诸多问题。纳米二氧化钛在纱线里主要是替代 PVA，起到贴顺毛羽，填补缺口，润滑的作用。

6) 其他功能

纳米二氧化钛对某些塑料、氟利昂及表面活性剂 SDBS 也具有很好的降解效果。

还有人发现，纳米二氧化钛对有害气体也具有吸收功能，如含纳米二氧化钛的烯烃聚合物纤维涂在含磷酸钙的陶瓷上可持续长期地吸收不同酸碱性气体。

鉴于以上功能，纳米二氧化钛具有非常广阔的前景。对它的研究和利用会给人们的生活带来巨大改变。

8 安全性及注意事项

本实验中用到紫外灯，由于紫外线长期照射对人体有害，所以在使用时尽量远离人群。使用紫外灯时，操作者宜佩戴护目镜。

本实验虽然没有危险性，但是由于使用紫外灯，故仅适合于有一定物理和化学知识的青少年实验，只有在教师等专业人员的指导下才可由中小学生操作或观察。

拓展阅读

钛的氧化物——二氧化钛又称钛白，是白色固体或粉末状的两性氧化物，是最好的白色颜料。其化学式是 TiO_2，相对分子质量是 79.88，相对密度约 4.0，熔点 1830~1850℃，沸点 2500~3000℃。二氧化钛有三种晶型(图 6-7)：金红石为四方晶型；锐钛矿为四方晶型；板钛矿为正交晶型。二氧化钛在水中的溶解度很低，只溶于氢氟酸和热浓硫酸，与硫酸氢钾或氢氧化物或碳酸盐共同熔融成钛酸盐后可溶于水。二氧化钛可由金红石用酸分解提取，或由四氯化钛分解得到。二氧化钛性质稳定，钛白的黏附力强，不易起化学变化，永远是雪白的。大量用作油漆中的白色颜料，它具有和铅白相似的良好遮盖能力，但不像铅白会变黑；特别可贵的是钛白无毒，又具有锌白一样的持久性。二氧化钛还用作搪瓷的消光剂，可以产生一种很光亮的、硬而耐酸的搪瓷釉罩面。此外，它的熔点很高，还被用来制造耐火玻璃、釉料、珐琅、陶土以及耐高温的实验器皿等。

(a) (b) (c)

图 6-7 自然界中存在的不同晶型的二氧化钛

(a)板钛矿；(b)金红石矿；(c)锐钛矿

以前，人们开采钛矿，主要目的便是为了获得二氧化钛。二氧化钛是世界上最白的物质，1 克二氧化钛可以把 450 多平方厘米的面积涂得雪白。它比常用的白颜料——锌钡白还要白 5 倍，因此是调制白油漆的最好颜料。世界上用作颜料的二氧化钛，一年多到几十万吨。二氧化钛可以加在纸中，使纸变白并且不透明，效果比用其他物质高 10 倍以上，因此，钞票纸和美术品用纸就要加二氧化钛。此外，为了使塑料的颜色变浅，使人造丝光泽柔和，有时也要添加二氧化钛。在橡胶工业上，二氧化钛还被用作为白色橡胶的填料。纳米级的二氧化钛是目前主要的光催化剂，在工业生产中有着很重要的应用。

金红石型二氧化钛在光的高能部分(较短波长)吸收辐射能较锐钛型大，换句话说，对于金红石型钛白粉，在具有很强杀伤力的紫外波段内(350~400nm)，它对紫外线的反射率要远远低于锐钛型钛白粉，在这种情况下，它使周围的成膜物、树脂等分担的紫外光线就要弱得多，那么这些有机物的使用寿命就长，这也是通常所说的金红石型钛白粉的耐候性要比锐钛型好的原因所在。

实验七 纳米二氧化钛（Ⅱ）：防雾镜子

1 实验目的

让学生掌握纳米二氧化钛具有超亲水特性，因此可以用于镜子等的表面作为涂层，消除不需要的雾气。

2 实验原理

纳米二氧化钛具有超亲水的性质，如果能够在镜子表面形成较好的涂膜，在吹气后，水蒸气在镜子表面遇冷而凝结，由于镜子表面是超亲水的，因此小水滴铺展成膜，不会发生光线的漫反射，所以可以形成清晰的影像。而没有涂层的表面，水蒸气在镜子表面遇冷而凝结，由于表面不是超亲水的，水滴不能铺展，形成水膜，而是形成一个个孤立的小水滴，会发生光线的漫反射，也就不能够清晰显示影像，造成视觉模糊(图 7-1)。

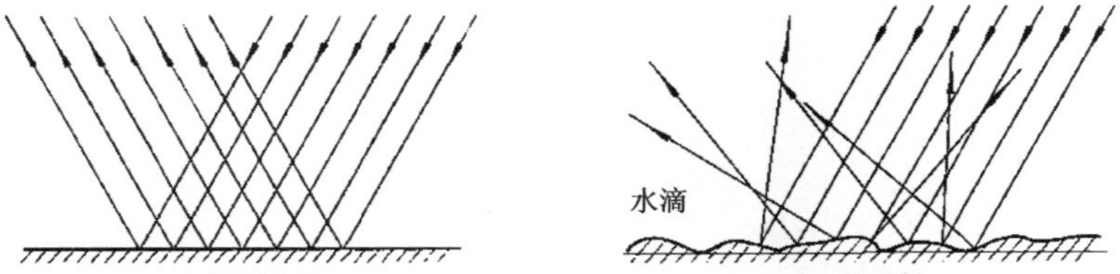

(a) 镜面反射　　(b) 漫反射

图 7-1　光线发生镜面反射(a)和漫反射(b)示意图

3 实验用品

镜子，纳米二氧化钛溶液，刷子，喷壶，抹布，吹风机。

4 实验内容及步骤

(1)用抹布将镜子清洁干净。

(2)用刷子蘸取少许纳米二氧化钛溶液(10μmol/L)，将镜子的一半均匀地刷上溶液，晾干(或用吹风机吹干)。

(3)向镜子吹气，观察镜子上的现象。

(4)改用喷壶向镜子喷水，观察镜子上的现象。

5 实验结果提示

镜子表面形成较好的涂膜后，向镜子吹气的实验结果取决于外界温度，夏天的气温高，效果不明显，只能观察到涂上溶液的部分较快恢复清晰，没有涂层的部分恢复得较慢。冬天的气温低，效果比较明显，涂上溶液的部分较快恢复清晰，可以看清影像，而没有涂层的部分很难看清影像。因此，在条件不合适的时候，使用喷壶效果会好一些。涂上溶液的部分表面形成水膜，可以显出清晰的影像，而没有涂膜的镜子部分沾覆水滴，镜子变模糊(图 7-2)。

图 7-2　未涂二氧化钛(左半部分)和涂上二氧化钛(右半部分)镜子的防雾效果对照

6 实验问题

如何使浴室的镜子影像清晰？

7 应用实例

相信大家都有这样的经历：洗过热水澡之后，想对着镜子整理头发，却发现面前浴室的镜子上布满了水蒸气，根本没法把人照清楚。有没有好办法，能让普通的镜子具有一定的防雾功能？

镜子刷上纳米涂层就能实现这一愿望。镜子起雾的原理是在雨季、冬季，有温差或者湿度大的地方，镜子的表面温度低于含有水蒸气的环境温度时，表面接触水汽后会出现细小的雾珠，它能使光线产生折射，因而使人的视线模糊。防雾纳米涂层利用物理和化学作用与玻璃牢固地结合在一起，经过处理的玻璃表面具有亲水功能，水在基材表面形成均匀的水膜，而不是水珠，因此不会折射光线，从而达到防雾的效果。在自洁的同时，这种纳米涂层还能不断分解甲醛、苯、氨气等有害气体，杀灭室内空气中的各种细菌和病毒，有效地净化空气，减少污染(图 7-3)。

图 7-3　汽车后视镜漆壳应用实例

8 安全性及注意事项

本实验适合于各个年龄阶段的人实验。由于用到镜子，操作者须小心，以免扎伤。

实验八 纳米防雾眼镜

1 实验目的

让学生掌握纳米二氧化钛超亲水的特性，因此可以在封闭空间里用于消除影响视线的雾气，不会形成流淌的水迹，而影响使用者的感受，同时了解一些可能的其他应用。

2 实验原理

冬天或者阴雨天，进出温差大的场所，戴眼镜的人都会发现镜片起雾，看不清东西(图 8-1)。而如果在镜片上涂上一层亲水的纳米涂层，眼镜上就不会有雾气了。

图 8-1 头盔因呼吸起雾影响视线

防雾材料的主要成分是含有亲水性基团的纳米二氧化钛溶液，将其涂于镜片表面后，可以在镜片表面形成一层亲水层，当水蒸气遇冷落在镜片上凝结成小水滴时，亲水性纳米材料可降低小水滴收缩成球的表面张力，使其浸润镜片表面，形成一层均匀的紧贴镜片的水膜。

3 主要实验用品

简易眼镜，防雾剂喷剂。

4 实验内容及步骤

(1)取出简易制作的眼镜或者护目镜(图 8-2)，用干净的布清洁表面。

(2)将 A 镜片对准防雾剂瓶的喷头，将防雾剂均匀的喷涂在镜片表面(图 8-3)。B 镜片作为对比，不喷防雾剂。

(3)待试剂干燥后，对着两块镜片表面“哈气”，观察现象。

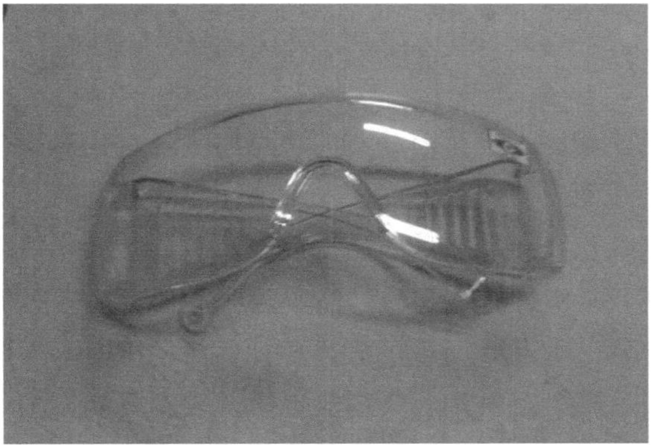

图 8-2 涂覆防雾剂后的护目镜

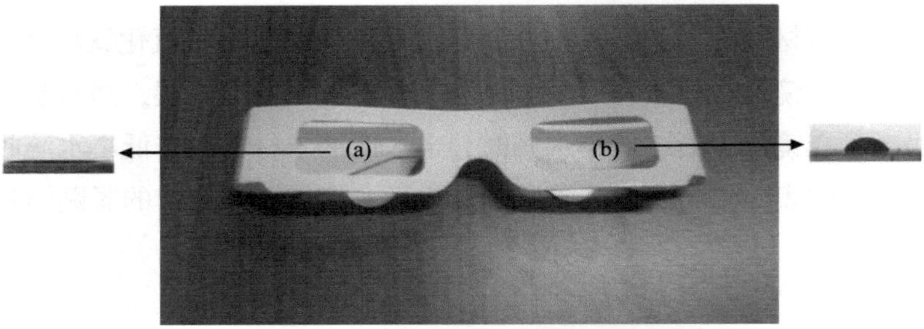

图 8-3　防雾剂效果示例

(a)涂覆防雾剂；(b)未涂覆防雾剂

5 实验结果提示

做了涂层的眼镜片在哈气后，能够保持清晰；而没有做涂层的眼镜片则一片模糊。

6 实验问题

如何在冬天进入室内时使眼镜不起雾？

7 应用实例

汽车的侧视镜、前车窗和侧面玻璃由于是直接暴露在外的，经常因为下雨或有雾、温差大而模糊不清，对驾驶员的安全驾驶影响是很大的。在汽车挡风玻璃、后视镜表面镀上二氧化钛薄膜，可防止镜面结雾(图 8-4 至图 8-6)。实验表明，镀有纳米二氧化钛薄膜的表面与未镀二氧化钛薄膜的表面相比，前者显示出高度的自清洁效应。一旦这些表面被油污等污染，因其表面具有超亲水性，污染不易在表面附着，附着的少量污物在外部风力、水淋冲力、自重等作用下，也会自动从二氧化钛表面剥离下来，阳光中的紫外线足以维持二氧化钛的薄膜表面的亲水特性，从而使其表面具有长期的自洁去污效应。基于纳米技术的挡风玻璃涂层可提高驾驶者50%的可见度。雨水、雪、尘土和昆虫都能够被清除,并且能够阻止雨雪在表面上结冰。降低雨刷器使用频率，视觉模糊被降低到最小。

图 8-4　汽车后视镜未处理(左)和处理后(右)对比图

图 8-5　在车外观察处理后(左)和未处理(右)的前风挡玻璃对比图

图 8-6　在车内观察处理后(左)和未处理(右)的前风挡玻璃对比图

8 安全性及注意事项

本实验没有危险性，适合于各个年龄阶段的人实验。

实验九 纳米自清洁玻璃——荷叶效应

1 实验目的

让学生掌握荷叶表面自清洁的原理，同时了解纳米疏水涂层的一些应用。

2 实验原理

自古以来，莲花因其“出污泥而不染”的纯洁品性而备受人们的喜爱(图 9-1)。夏日的清晨，人们总是可以看见在荷叶的表面上存在着露水，并且是呈近似球形存在的(图 9-2)。科学家用显微镜放大后发现，莲叶表面除了一层蜡质之外，其实并不平整，而是存在很多微米级的周期性凹凸结构。进一步放大，发现这些凹凸结构由更多的纳米级亚结构构成，这种独特结构使水和污染物不容易黏附在荷叶上面，从而具有自清洁效果。人们从“荷叶效应”中得到启示，发明了纳米自清洁材料。当这种材料涂抹在玻璃或其他物品表面时，也会在原来微米级结构上形成一层纳米级的凹凸结构，水珠流过时会带走不易黏附表面的污染物(图 9-3)，从而使物体表面具有和荷叶一样的自清洁功能。

图 9-1　荷花及带露珠的荷叶

图 9-2　接触角仪拍到的超疏水涂层表面上的小液滴

图 9-3　自清洁作用示意图

图中倾斜界面是纳米疏水涂层，界面上滚动的大圆球代表水珠，小三角、小圆球和小正方形代表界面上的污染物。水珠流过，带走不易黏附在表面的污染物

3 实验用品

玻璃片，纳米疏水涂层(自清洁剂)，刷子，塑料吸管。

4 实验内容及步骤

(1)取两块相同的未经处理的玻璃片。

(2)将自清洁剂均匀地涂抹在其中一块玻璃表面。等待几分钟，将玻璃表面擦拭干净(图 9-4 和图 9-5)。

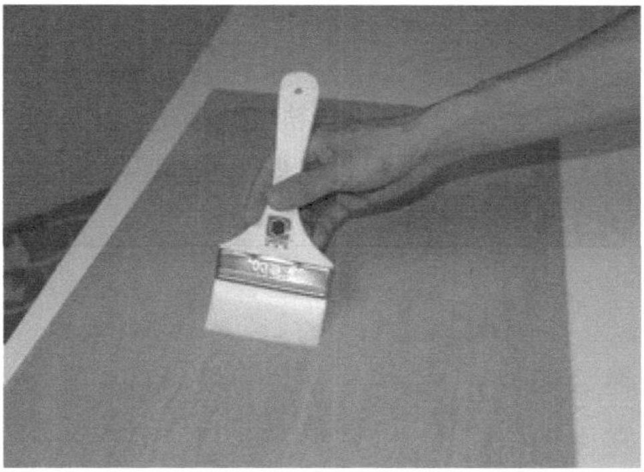

图 9-4　刷涂纳米自清洁剂

图 9-5　喷涂纳米自清洁剂

(3)用塑料吸管吸取少量水滴到两块玻璃上，观察发生的现象。

将其他液体物质(酱油、食用油等)分别滴加到有涂层和无涂层的玻璃上，观察发生的现象。

5 实验结果提示

在涂了自清洁剂的玻璃上，水滴呈椭球形，未铺展开；而没有涂覆自清洁剂的玻璃上，水滴铺展开，无法以椭球形式存在。

6 实验问题

能否不用人工而使高层建筑的玻璃长期保持清洁?

7 应用实例

随着楼层越建越高，清洁高楼上的玻璃成为一大难题，因为在高空作业容易发生事故。疏水纳米玻璃自洁涂料采取自组装机制，借助纳米材料独特的疏水自洁性能，与基体玻璃牢固结合。从而实现了多组分在性能上的协同与复合，具有多功能优势，克服了目前玻璃薄膜材料功能单一的缺点，可用于玻璃制品，比如幕墙玻璃、门窗玻璃、淋浴房玻璃、汽车玻璃、建筑玻璃和家用陶瓷产品。这种纳米涂料本身具有一种排斥水的荷叶效应，一旦下雨，玻璃表面上就能形成水珠并自行滚落，滚动过程中带走污染物，从而达到玻璃自洁的目的(图 9-6)。

图 9-6　高楼应用自洁玻璃实例

8 安全性及注意事项

本实验用到玻璃片，操作时须小心，避免玻璃片破损扎伤手。

实验十 纳米自清洁纺织品实验

1 实验目的

让学生掌握自清洁纺织品的工作机理，同时了解一些可能的其他应用。

2 实验原理

20 世纪 70 年代，因为扫描电子显微镜的使用，人们才开始明白荷叶高度疏水的原因(图 10-1)。原来荷叶表面非常粗糙！荷叶表面布满了几微米到十几微米的突起。每个突起上还布满了更小的突起，大小在几纳米到几十纳米之间。这一微观结构造就了荷叶完美的表面超疏水性能。为什么这样的“粗糙”结构表面就能产生超强的疏水性呢？这是因为对于一个疏水的固体表面来说，当表面不平有微小突起的时候，会使许多空气充斥

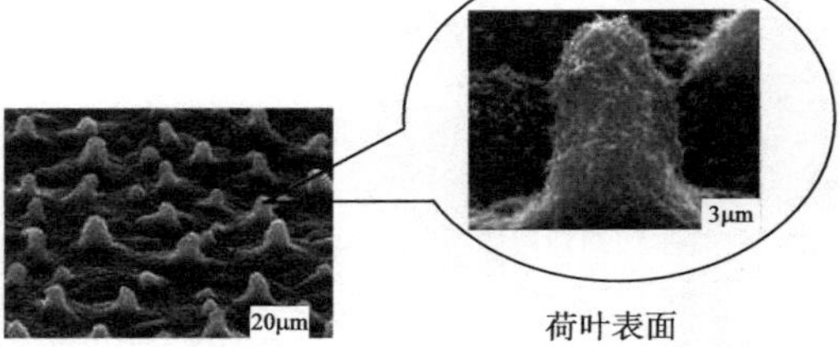

图 10-1 荷叶表面结构

到水与固体表面之间，水与固体的接触面积会大大减小。超疏水固体表面的接触角会大大增加(图 10-2)。

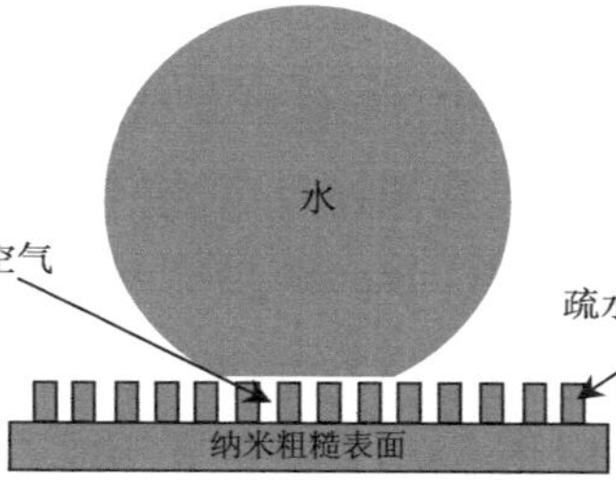

图 10-2　疏水原理示意图

所谓接触角，就是液滴在固体表面形成热力学平衡时所持有的角。根据水在固体表面的浸润程度，固体可以分为亲水性和疏水性。通常我们将与水的接触角大于 150°的表面称为超疏水表面；对应地，当固体表面与水的接触角接近 0°时，则称之为超亲水表面。超疏水表面的水滴接近于球形，可以以球状滚动，同时带走表面上的污物，这样的表面就具有了“自清洁”的能力，如图 10-3 所示。

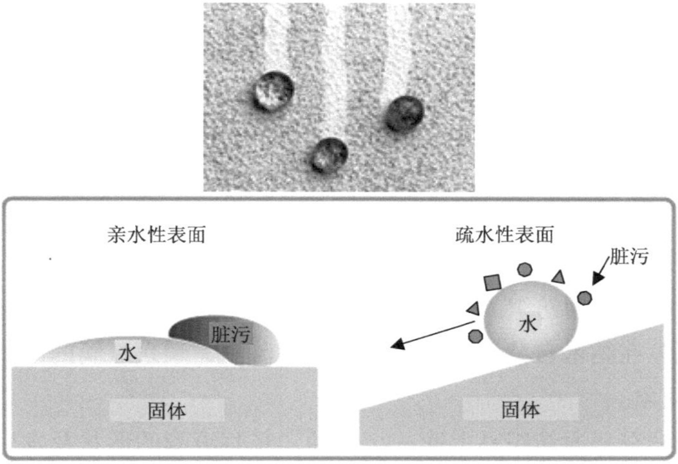

图 10-3　纺织品的自清洁

真正具有本征超疏水性的材料是不存在的，对于平整材料而言，最大的水接触角不过119°。但是金属、陶瓷和高分子通过一定处理都可能获得超疏水性能，而途径不外乎两条，一条是构造合适的表面粗糙形貌，另一条是低表面能物质修饰。例如对于金属而言，并不具备超疏水特性，但是如果通过腐蚀刻蚀来使表面粗糙，同时通过氟化处理使表面能降低，就可以获得大于150°的接触角，从而变成超疏水材料。相比而言，高分子的表面能通常都很低，更容易变成超疏水表面。例如不粘锅用的就是聚四氟乙烯，只要表面足够粗糙，这种材料自然就成了超疏水材料。

3 实验用品

纳米自清洁纺织品，普通纺织品，清水，汽油，酱油，食用油，咖啡，吸管，水。

4 实验内容及步骤

(1) 在纳米自清洁纺织品上滴一滴清水，观察液滴的形状及发生的现象。

(2) 在普通纺织品上滴一滴清水，观察液滴的形状及发生的现象。

(3) 在纳米自清洁纺织品上滴一滴汽油，观察液滴的形状及发生的现象。

(4) 在普通纺织品上滴一滴油，观察液滴的形状及发生的现象。

(5) 在纳米自清洁纺织品上滴一滴酱油，观察液滴的形状及发生的现象。

(6) 在普通纺织品上滴一滴酱油，观察液滴的形状及发生的现象。

（7）在纳米自清洁纺织品上滴一滴食用油，观察液滴的形状及发生的现象。

（8）在普通纺织品上滴一滴食用油，观察液滴的形状及发生的现象。

5 实验结果提示

（1）水滴在纳米自清洁纺织品上呈椭球形，可以在上面滚动，不使纳米自清洁纺织品湿润（图 10-4）。

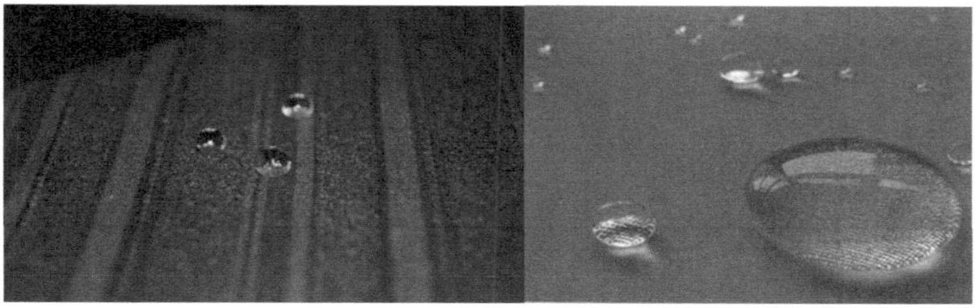

图 10-4　自清洁纺织品上的水滴

（2）水滴一接触普通纺织品，就立刻被普通纺织品吸收，消失不见了，普通纺织品被润湿。

（3）油滴在纳米自清洁纺织品上呈椭球形，可以在上面滚动，纳米自清洁纺织品没被污染（图 10-5）。

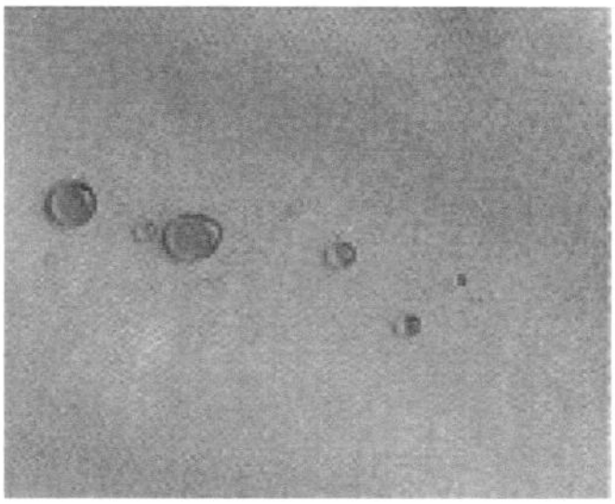

图 10-5　自清洁纺织品上的油滴

(4)油滴接触到普通纺织品后，逐渐被普通纺织品吸收，普通纺织品被污染。

(5)酱油滴在纳米自清洁纺织品上呈椭球形，可以在上面滚动，不能使纳米自清洁纺织品污染。

(6)酱油滴一接触普通纺织品，立刻被普通纺织品吸收，普通纺织品被污染。

(7)咖啡滴在纳米自清洁纺织品上呈椭球形，可以在上面滚动，不能使纳米自清洁纺织品污染。

(8)咖啡一接触普通纺织品，立刻被普通纺织品吸收，普通纺织品被污染。

6 实验问题

如何才能使衣服不沾水、油以及其他液体呢?

7 应用实例

纺织品都是由棉花、羊毛、人造化纤等细小纤维通过纺纱、织布，最后制造成衣物、服饰、家纺产品。这些产品的基本构成——纤维对水、油都具有一种毛细作用，液体可以顺着纤维之间的间隙渗透，我们通过肉眼就可以发现水被衣物很快地吸掉了。此外，衣物平时会由于静电、自然落灰等原因，在其表面积聚一层灰尘，一旦遇到水、油等液体，灰尘就会被液体带起来并通过毛细作用，顺着织物的细小纤维，渗透到衣织物的内部，形成污斑；另外意外滴落的牛奶、咖啡、果汁、茶水、酱油、菜汁等污染型液体，也会渗透进织物内部，形成面积较大的污斑。

根据荷叶自清洁的仿生学原理，利用纳米界面材料的疏水、疏油的特性，通过对纺织品的每根细小的纤维进行人工修饰，在织物表面形成一个微细的绒毛架构(其尺码小于 100 纳米)。这些微细的绒毛架构如荷叶表面上的细密绒毛一样，可吸收空气分子并在表面形成一层气垫，防止织物受油及水的沾染。当水打在织物上，由于液体的表面张力使滴落下的水和油形成一个个小球，它在空气垫上形成珠状滚离织物表面，无法渗透进织物里面，滚动，时将原来落在织物表面的灰尘带起来，滑落到地上，因此衣物非但不能被污染，还被清洁了一次。因为织物的纤维之间依然保持原有的间隙，所以原有的透气性、手感、柔软度等固有特征没有任何改变，人体的汗气依然可以被顺畅排出，成功地解决了防水与透气、既防水又防油这些原本相互矛盾的难题。这种纺织品可不沾液体，减少静电，防止污渍，并不影响手感。适用于易受沾污的工作服、制服和童装。已处理过的纺织品不仅能够防皱,而且可以长时间防止苏打、咖啡、葡萄酒、蛋黄酱和果汁等玷污(图 10-6)。

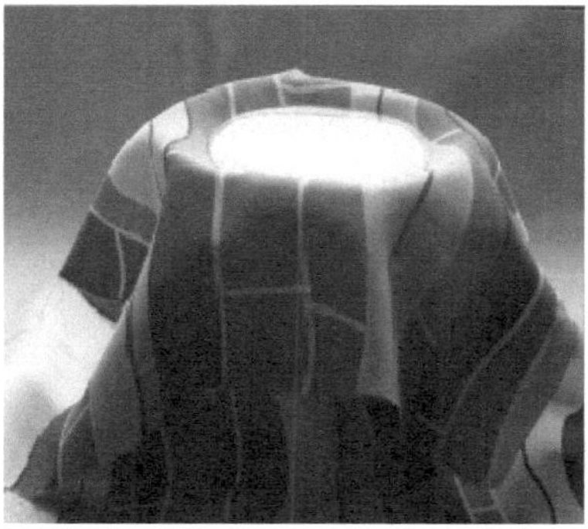

图 10-6　自清洁丝巾上的水

8 安全性及注意事项

由于汽油易燃，小学生进行实验时，建议绕过涉及汽油的环节。

实验十一 防指纹印记纳米涂料效果

1 实验目的

让学生掌握含纳米二氧化硅的涂料可以具有超疏油的特性，因此可以用于防止留下印记的场所。

2 实验原理

人的手指、手掌面的皮肤上存在大量的汗腺和皮脂腺，容易在光滑的金属表面留下印记，使得金属表面看上去不是很干净。在金属表面涂上一层与指纹相近折射率的纳米涂层（如 SiO_2 聚酯涂料），当手按触涂有上述纳米涂层时，将看不到明显的指纹印记。

3 主要实验用品

表面光洁的金属片，纳米 SiO_2 聚酯涂料。

4 实验内容及步骤

(1) 徒手拿取表面光洁的金属片，观察金属片上是否留下指纹。

(2) 将纳米 SiO_2 涂层均匀地涂在金属片表面没有指纹的部分，待涂层干透后，用手触摸。

(3) 用棉布擦拭整块金属片，观察现象。

5 实验结果提示

在涂了纳米 SiO_2 涂层的金属片上，指纹靠肉眼无法观察到；而没有涂覆纳米 SiO_2 涂层的金属片上，指纹可以清晰地显现（图 11-1）。

图 11-1　指纹

6 实验问题

如何使爱车不留下讨厌的指纹？

7 应用实例

汽车电泳漆是最早开发的水性涂料，用于涂装在经磷化处理后的汽车金属表面，是汽车涂装的第一道漆，主要担负着防腐蚀功能。电泳漆耐腐蚀性好，涂膜均匀，即使在一些“死角”如接点、洞穴等也很均匀。1965 年只有 1%的轿车采用电泳底漆，现在已增加到 95%。目前，电泳底漆主要采用阴极电泳底漆。电泳底漆在朝着无铅化方向发展的同时，开发更高耐腐蚀性电泳底漆亦是市场所需，纳米技术的介入为此提供了新的途径。

复合纳米微粒与阴极电泳漆的复配，解决了电泳漆基材与纳米复合物间的匹配性，2003 年新型纳米电泳漆被成功研制出来。该技术主要是利用高分子纳米微囊化实现对无机纳米二氧化硅等微粒的有效原位包封。由于无机二氧化硅等纳米微粒表面覆盖了一层带电高分子薄膜，故其体系的稳定性高，与其他高分子材料的相容性良好。将此高分子-无机二氧化硅纳米粉粒复合水分散体用于电泳漆的改性增强，可以较好地克服纳米二氧化硅等微粒的团聚、难以分散、稳定性差以及与其他高分子材料的相容性等问题。所制备的高分子-无机二氧化硅纳米粉粒水分散体与原有的电泳漆复配后所得产品的致密性、均匀性以及漆膜的附着力、冲击强度、弹性、耐盐雾性等均得到明显提高。其中耐盐雾时间由原来的 720 小时提高到 1200 小时，烘干温度由原来的 170℃降低到 160℃，达到了国外先进高档汽车底漆的水平。

现在许多新款车表面都涂有新型纳米电泳漆，不仅可保持车子表面长期光亮如新，而且可有效地防止指纹、油脂等在表面的附着（图 11-2）。

图 11-2　涂覆纳米 SiO_2 聚酯涂料的汽车

8 安全性及注意事项

本实验没有危险性，适合于各个年龄阶段的人实验。

实验十二 纳米粒子的光散射

——丁铎尔现象

1 实验目的

让学生掌握丁铎尔(Tyndall)现象，并用作鉴别胶体与真溶液、悬浮液。

2 实验原理

在光的传播过程中，光线照射到粒子时，如果粒子尺寸小于入射光波长则发生光的散射。纳米粒子的尺寸在 1~100nm 之间，小于入射光的波长，因此当一束光射入胶体，发生光的散射，从与入射光垂直的方向可以观察到胶体中出现一条“光亮”的通路，这种现象叫丁铎尔现象(图 12-1)。

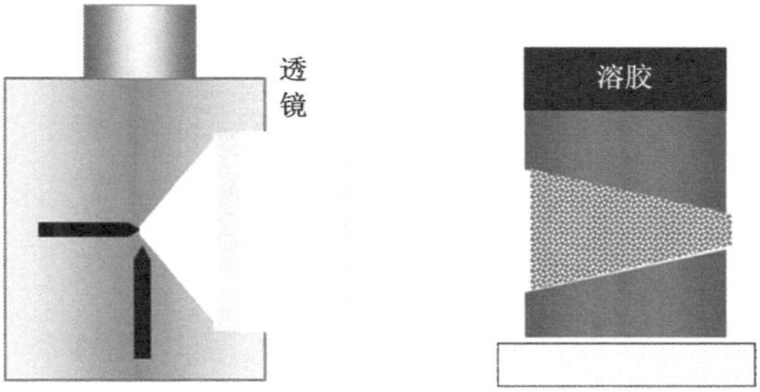

图 12-1 丁铎尔现象原理图

3 实验用品

试管，激光笔，滴管，鸡蛋，容器，Fe_2O_3 溶胶，硫酸铜（$CuSO_4$）溶液，95%的乙醇。

4 实验内容及步骤

（1）在三支试管中分别装适量 Fe_2O_3 溶胶、蛋清及 $CuSO_4$ 溶液（图 12-2 至图 12-4）。

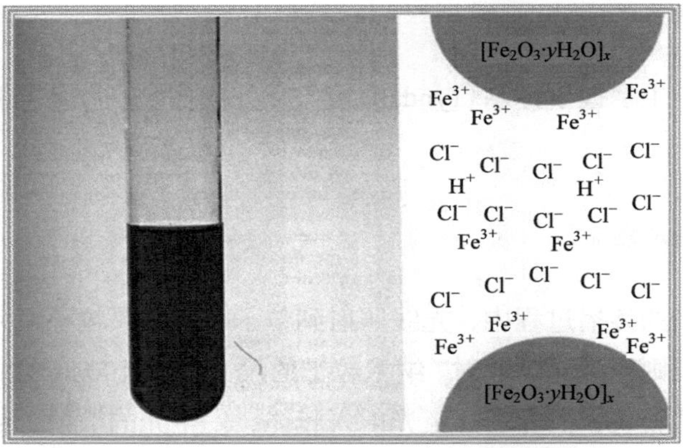

图 12-2　在静电作用下稳定存在的 Fe_2O_3 溶胶及示意图

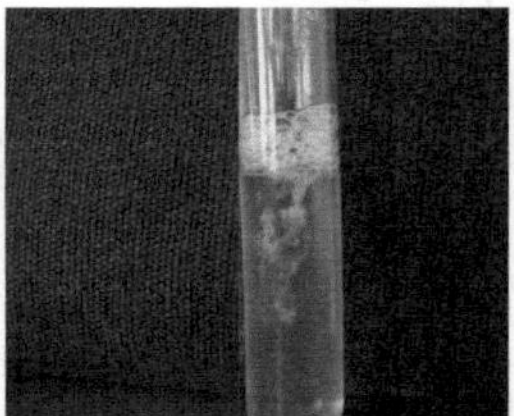

图 12-3　试管中的蛋清

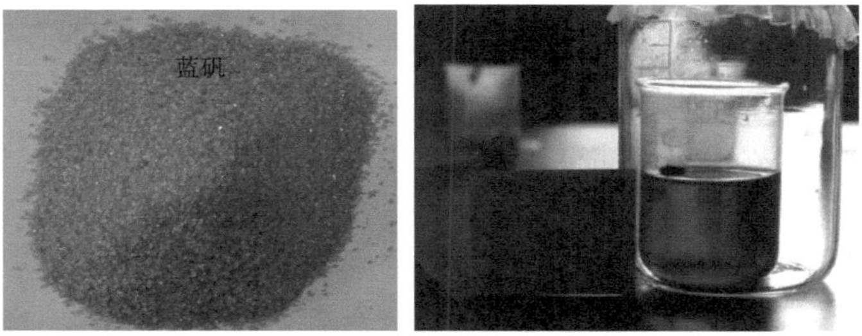

(a)　　(b)

图 12-4　蓝矾(a)及配制的 $CuSO_4$ 溶液(b)

(2)使用激光笔从试管侧面打入一束红色激光，从垂直于光源的角度观察。

(3)用塑料滴管向装蛋清的试管中滴加 95%的乙醇，观察蛋清的变化。

(4)等待片刻，使用激光笔，分别对准析出的蛋白及上层清液从试管侧面射入红色激光，比较现象。

5 实验结果提示

装纳米粒子的试管，激光在里面形成一条光柱，此即丁铎尔现象[图 12-5(a)]；装 $CuSO_4$ 溶液的试管，激光可以完全透过，不存在丁铎尔现象[图 12-5(b)]；装蛋清的试管，激光在里面形成一条光柱

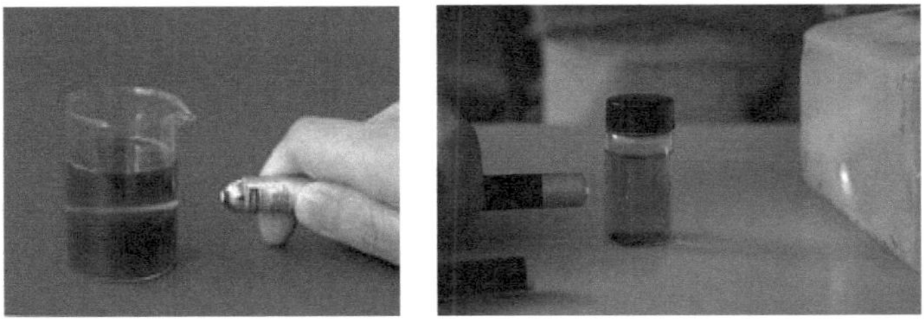

(a)　　(b)

图 12-5　激光打过 Fe_2O_3 溶胶(a)和 $CuSO_4$ 溶液(b)示意图

[图 12-6(a)]；在装蛋清的试管中滴加 95%的乙醇后，底部有明显的蛋白析出，激光可以完全透过上层清液，无法透过下层有蛋白析出的部分，也就是说丁铎尔现象消失了[图 12-6(b)]。

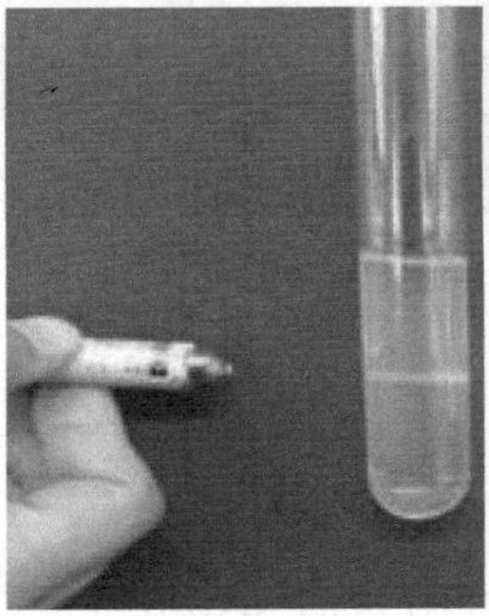

(a)

(b)

图 12-6　激光打过蛋清(a)和加入酒精后的蛋清液(b)

6 实验问题

造成图 12-7 和图 12-8 景观的原因是什么？

图 12-7　色彩斑斓的城市夜景

图 12-8　清晨的树林：光影之间

7 应用实例

丁铎尔现象可以用于区分真溶液和胶体、悬浊液。三种分散系中粒子直径不同：溶液粒子直径<1 纳米（10^{-9} 米），胶体粒子直径为 1~100 纳米，悬浮液粒径大于 100 纳米。溶液比胶体更稳定。胶体有溶液不具备的性质：①丁铎尔效应（用激光笔垂直照射胶体和溶液，胶体内部会出现一条明亮光路而溶液没有）；②布朗运动（胶体粒子的无规则运动）；③电泳；④聚沉。悬浊液最不稳定，很容易聚集沉淀。悬浊液不透明、不均一、不稳定，不能透过滤纸，静置后会出现分层（即分散质粒子在重力作用下逐渐沉降下来）。

8 安全性及注意事项

实验当中用到激光笔，要避免直接射入人眼，以免造成伤害。本实验适合于具有一定物理、化学知识的人实验。

9 拓展阅读

1）丁铎尔现象

由于溶胶的高度分散性和多相不均匀性，当一束波长大于溶胶分散相粒子尺寸的入射光照射到溶胶系统，可发生散射现象，该现象是英国物理学家约翰·丁铎尔（John Tyndall，1820~1893 年）首先发现的，因此称为丁铎尔现象，又叫乳光效应。光与通路中物质的作用，可分为以下几类：

- 当入射光的频率与分子的固有频率相同时，发生光的吸收。
- 当光束与系统不发生任何相互作用时，则光可以透过。
- 当入射光的波长小于分散粒子的尺寸时，则发生光的反射。
- 若入射光的波长大于分散粒子的尺寸时，则发生光的散射。

激光笔发出的光波长在 400~700nm 范围内，大于一般胶体粒子的尺寸（1~100）nm，所以会发生光的散射。

光的振动频率高达 10^{15}Hz，光的照射相当于外加电磁场作用于胶体粒子，使围绕分子或原子运动的电子被迫产生振动，而质量达大于电子的原子核是无法跟上如此高频率的振动的，这样被光照射的微小晶体上的每个分子，便以一个次级光源的形式向四面八方辐射出与入射光频率相同的次级光波。丁铎尔现象的实质是光的散射作用，散射光的强度可由瑞利公式计算。

清晨在茂密的树林中，从林叶间透过的一道道光就是丁铎尔现象。色彩斑斓的城市夜景也是一类丁铎尔现象。云、雾、烟尘等是气溶胶，其分散剂是空气，分散质是微小尘埃或液滴。

2）酒精消毒

酒精是一种有机化合物，学名为乙醇，分子式为 C_2H_5OH。酒精的分子具有很大的渗透能力，它能穿过细菌表面的膜，进入细菌的内部，使构成细菌生命基础的蛋白质凝固，将细菌杀死。因为蛋白质的变性是不可逆的（蛋白质的变性即让蛋白质失去活性），而恰恰蛋白质是细菌及病毒的主要构成部分，所以酒精能消毒。此外，强酸、强碱、福尔马林（甲醛）等也可以使蛋白质变性。

那么，是不是酒精越浓杀菌消毒的效果越好呢？不是的！纯酒精反而不能彻底杀死病菌。这是为什么呢？据介绍，浓度几乎达到100%的纯酒精使蛋白质凝固的本领固然很大，但是它却使细菌表面的蛋白质一下子就凝固起来，形成了一层硬膜。这层硬膜阻止酒精分子进一步渗入细菌内部，反而保护了细菌，使它免遭死亡。因此，在纯酒精中掺入一定量的水以后，酒精就不会使细菌表面的蛋白质一下子凝固，于是大量酒精分子就可以钻进到细菌体内，使其中的蛋白质都凝固起来，细菌就难逃一死了。人们经过反复的试验发现，若酒精的浓度低于 70%，也不能彻底杀死细菌。而浓度为 75%的酒精杀菌力最强，所以医用消毒酒精一般都是含 75%的纯酒精和 25%的水。

实验十三 产生荧光的纳米半导体材料
——量子点

1 实验目的

让学生掌握量子点的光学特性及其发光机理，同时了解一些可能的其他应用。

2 实验原理

量子点(quantum dot, QD)是纳米尺度原子和分子的集合体，一般粒径为 2~20nm。材料达到一定的临界尺寸后，材料的行为将具有量子特性，结构和性质也随之发生从宏观到微观的改变。荧光量子点是光激发或施加电压后会产生强荧光的一类纳米材料。如图 13-1 和图 13-2 所示，当用紫外灯照射不同尺度的量子点后，会产生不同颜色的荧光。传统上这些材料一般应用在平面显示器件、

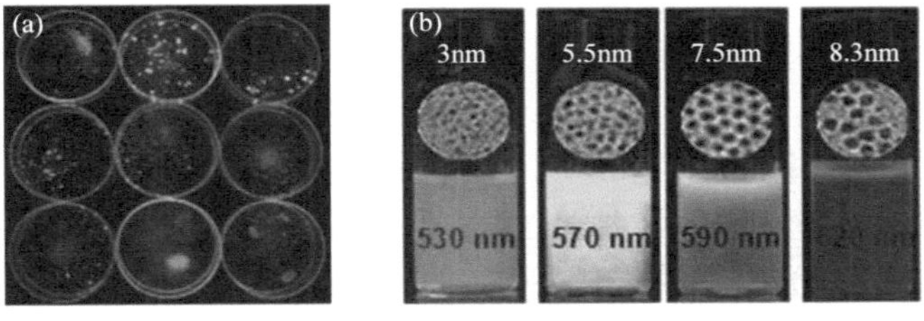

图 13-1 紫外光下，不同粒径量子点的发光

光电子元件（如发光二极管）、量子点激光器等技术领域，而用作生物标记物被认为是一个出人意料的发现。

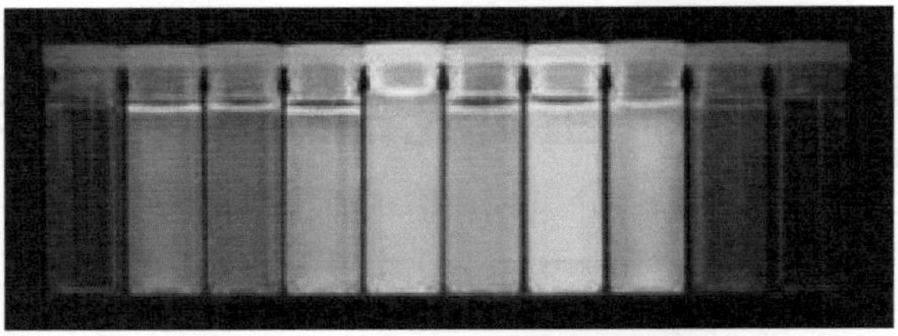

图 13-2　紫外光下，各种颜色的量子点

量子点是准零维的无机纳米材料，由少量的原子所构成。粗略地说，量子点三个维度的尺寸都在 100 纳米以下，外观恰似一极小的点，其内部电子在各方向上的运动都受到局限，所以量子限域效应特别显著(图 13-3)。

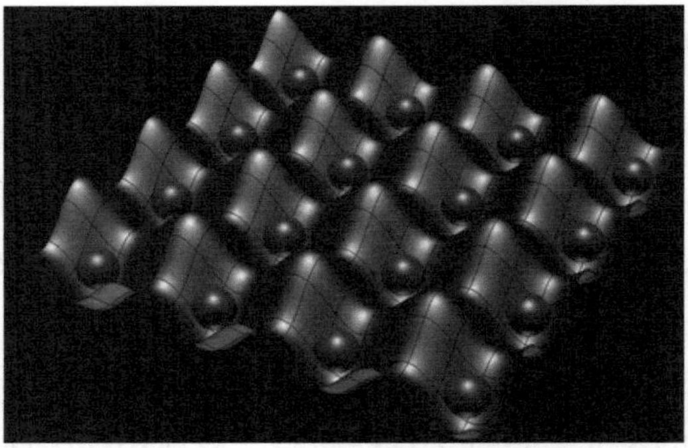

图 13-3　量子点模拟图

3 实验用品

硫化镉及硒化镉量子点，异硫氰酸荧光素(FITC)，四甲基罗丹明(rhodamine)，EP 管，紫外灯。

4 实验内容及步骤

(1) 在可见光下观察两种量子点及有机荧光染料异硫氰酸荧光素、四甲基罗丹明的颜色。

(2) 分别取一滴上述四种溶液于 EP 管中，稀释到 EP 管的 1/2，在紫外灯下观察颜色。

(3) 在紫外灯的持续照射下，观察四种物质荧光强度的变化。

5 实验结果提示

量子点发的光比有机荧光染料的强。

6 实验问题

与有机荧光染料相比，量子点有什么优势？

7 应用实例

1) 生命科学

很多现代发光材料和器件都由半导体量子结构构成，量子点的尺寸与过去常用的染料分子的尺寸接近，同时具有非常亮的荧光，不易猝灭等特性，因而像荧光染料一样对生物医学研究有很大用途。从生物体系的发光标记物的差别上讲，量子点由于量子力学的奇妙规则而具有显著的尺寸效应，基本上高于特定阈值的光都可吸收，而有机染料分子只有在吸收合适能量的光子后才能从基态跃迁到较高的激发态，因此所用的激发光必须是确定的；量子点所发射的光范围很窄，对量子点本身的尺寸有很强的依赖性，所以，单一种类的纳米半导体材料就能够通过尺寸的调节而产生一个发光波长不同因而颜色分明的标记物家族，这是染料分子根本无法实现的；量子点为无机微晶，能够承受多次的激发和光发射，而有机分子却容易分解，持久的稳定性可以让研究人员更长时间地观测细胞和组织，并毫无困难地进行界面修饰连接。

量子点最大的好处是有丰富的颜色。生物体系的复杂性经常需要同时观察几种组分，如果用染料分子染色，则需要不同波长的光来激发，而量子点则不存在这个问题，可以使用不同大小(进而不同色彩)的纳米晶体来标记不同的生物分子。使用单一光源就可以实时观测被不同尺寸量子点标记的多种组分。

量子点特殊的光学性质使得它在生物化学、分子生物学、细胞生物学、基因组学、蛋白质组学、药物筛选、生物大分子相互作用等研究中有极大的应用前景。

利用多色免疫量子点可以对食品中的多种致病菌进行同步检测。红、黄、绿色免疫量子点分别对伤寒沙门氏菌、志贺氏菌、大肠杆菌 0157 有特异性的结合作用，通过量子点的荧光，可以快速地检测出食品中的致病菌。

2) 半导体器件

量子点结构对其中的载流子产生三维量子限域效应的原因是低的态密度和能级的尖锐化，载流子三维量子限域效应的出现使量子点电学性能和光学性能发生变化。这些性质使得半导体量子点在单电子器件、存储器以及各种光电器件等方面具有极为广阔的应用前景。

半导体单电子器件由于具有小尺寸，低消耗而日益受到人们的关注。半导体低维结构材料是一种人工改性的新型半导体低维材料，新一代固态量子器件正是基于它的非线性光学效应、量子隧穿和库仑阻塞以及量子尺寸效应等，在未来的纳米光电子学、电子学和新一代超大规模集成电路等方面有着极其重要的应用前景。以量子点结构为有源区的量子点激光器，理论上具有更低的阈值电流密度、更宽的调制带宽、更高的特征温度和更高的光增益等优点，将使半导体激光器的性能有一个大的飞跃，对未来半导体激光器市场的发展方向影响巨大。近年来，欧洲、美国、日本等国家都开展了应变自组装量子点材料和量子点激光器的研究，取得了很大进展。

除了采用量子点材料研制边发射、面发射激光器外，在其他的光电子器件上量子点也得到了广泛的应用(图 13-4)。

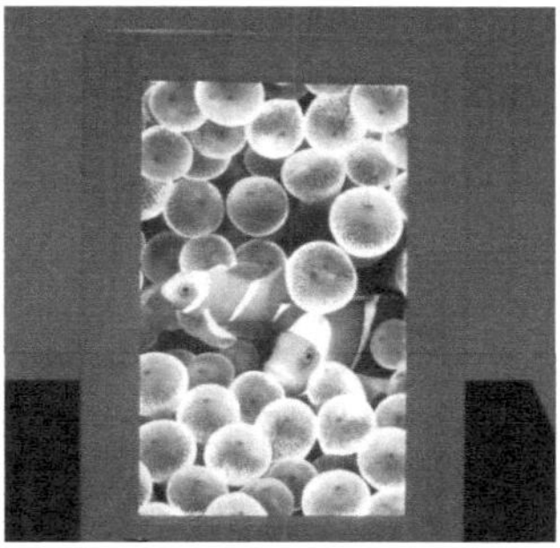

图 13-4　基于量子点的显示屏

8 安全性及注意事项

本实验中用到紫外灯，由于紫外线长期照射对人体有害，所以使用时应尽量远离人群。使用紫外灯时，操作者须佩戴护目镜。

本实验虽然没有危险性，但是由于使用紫外灯，故适合于有一定物理和化学知识的青少年实验。

9 拓展阅读

量子点，通常是一种由Ⅱ-Ⅵ族或Ⅲ-Ⅴ族元素组成的纳米颗粒，直径为 1~100nm，受激能产生荧光的半导体纳米颗粒。量子点在生物标记、太阳能电池和发光器件等领域具有广泛的应用前景。

现代量子点技术要追溯到20世纪70年代中期，它是为了解决全球能源危机而发展起来的。通过光电化学研究，开发出半导体与液体之间的结合面，以利用纳米晶体颗粒优良的体积/表面积比来产生能量。初期研究始于20世纪80年代早期的两个实验室的科学家——贝尔实验室的Louis E. Brus博士和苏联Yoffe研究所的Alexander Efros、A. I. Ekimov博士。Brus博士与同事发现不同大小的硫化镉颗粒可产生不同的颜色。这个工作对了解量子限域效应很有帮助，该效应解释了量子点大小和颜色之间的相互关系，也同时为量子点的应用铺平了道路。1997年以来，随着量子点制备技术的不断提高，量子点已越来越可能应用于生物学研究。1998年，I. Z. Alivisatos和Nie两个研究小组首次将量子点作为生物荧光标记，并且应用于活细胞体系，他们解决了如何将量子点溶于水溶液，以及量子点如何通过表面的活性基团与生物大分子偶联的问题，由此掀起了量子点的研究热潮。半导体量子点的生长和性质成为当今研究的热点，目前最常用的制备量子点的方法是自组织生长方式。

按照电子与空穴的量子封闭作用，量子点可分为1型量子点和2型量子点；按其几何形状，可分为箱形量子点、球形量子点、四面体量子点、柱形量子点、立方量子点、盘形量子点和外场（电场和磁场）诱导量子点；按其材料组成，量子点又可分为元素半导体量子点，化合物半导体量子点和异质结量子点。此外，原子及分子团簇、超微粒子和多孔硅等也都属于量子点范畴。

目前，科学家能够制造和定制高效的、每次发射一个光子（光线的基本组成单元）的光源发射器。这样的发射器被称为量子点，其中包含数千个原子。以前，科学家认为，量子点的尺寸是三个维度上都在100纳米以下，外观恰似一个很小的点状物。但丹麦科技大学光电工程系（DTU）量子光学研究小组和哥本哈根大学尼尔斯·波尔研究所的科学家共同发现，量子点不能被描述成光线的点源，因此，科学家得出了一个令人吃惊的结论：量子点不是点。这与以前一直认识的观点不同，让科学界非常吃惊。科学家在实验中将量子点放置在一面金属镜子附近，并记录了量子点发射出来光子的情况。按照原来对量子点的认识，不管是否上下翻转，光线的点源（光子）都应该拥有同样的性质。但结果表明，情况并非如此，量子点的方位不同，其发射出的光子数也不同。这个实验性的发现同新的光-物质交互理论非常契合。该理论考虑了量子点在立体空间的扩展。实验中金属镜子的表面存在着高度受限的等离子激元。等离子激元中高度受限的光子可以应用于量子信息科学或太阳能捕获等领域。等离子激元受到强烈的限制也暗示着，量子点发出的光子能被大大地改变。目前的工作已经证明，科学家可以更有效地激活等离子激元。因此，量子点可以被扩展到超越原子维度的更大的维度，这表明，量子点能同等离子激元更有效地交互作用。这项工作可能为利用量子点的立体维度的新的纳米光子器件铺平道路。新的效应在光子晶体、腔量子电动力学，以及光捕捉等其他研究领域也具有非常重要的作用，新发现可能有助于改进量子信息设备的效率。

量子点的特性

(1) 量子点具有很好的光稳定性。量子点的荧光强度比最常用的有机荧光材料“罗丹明 6G”高 20 倍，它的稳定性更是“罗丹明 6G”的 100 倍以上。因此，量子点可以对标记的物体进行长时间地观察，这也为研究细胞中生物分子之间长期相互作用提供了有力的工具。

(2) 量子点的发射光谱可以通过改变量子点的尺寸大小来控制。通过改变量子点的尺寸和它的化学组成可以使其发射光谱覆盖整个可见光区。以CdTe量子为例，当它的粒径从2.5nm生长到4.0nm时，它们的发射波长可以从510nm红移到660nm。

(3)量子点具有较大的斯托克斯(Stokes)位移。量子点不同于有机染料的另一光学性质就是宽大的斯托克斯位移，这样可以避免发射光谱与激发光谱的重叠，有利于荧光光谱信号的检测。

(4)量子点具有宽的激发谱和窄的发射谱。传统的有机荧光染料的激发光波长范围较窄，不同荧光染料通常需要多种波长的激发光来激发，这给实际的研究工作带来了很多不便。而使用同一激发光源就可实现对不同粒径的量子点进行同步检测，因而可用于多色标记，极大地促进了量子点在荧光标记中的应用。此外，量子点具有窄而对称的荧光发射峰，且无拖尾，多色量子点同时使用时不容易出现光谱交叠。

(5)量子点的荧光寿命长。量子点的荧光寿命可持续数十纳秒(20~50ns)，这使得当光激发后，大多数的自发荧光已经衰变而量子点荧光仍然存在，此时即可得到无背景干扰的荧光信号。有机荧光染料的荧光寿命一般仅为几纳秒(这与很多生物样本的自发荧光的衰减时间相当)。

(6)量子点的生物相容性好。量子点经过各种化学修饰之后，可以进行特异性连接，其细胞毒性低，对生物体危害小，可进行生物活体标记和检测。

总而言之，量子点具有激发光谱宽且连续分布，而发射光谱窄而对称，颜色可调，光化学稳定性高，荧光寿命长等优越的荧光特性，是一种理想的荧光探针。

实验十四　纳米金层析试纸检测三聚氰胺

1　实验目的

让学生掌握层析分析方法及其机理，同时了解一些可能的其他应用。

2　实验原理

纳米金检测试纸是根据免疫层析技术，纳米金颗粒表面带有负电荷，能够与蛋白质的正电荷基团牢固地结合，形成金标抗体或抗原，吸附在胶金垫上。然后将相应的抗原或抗体固邑于硝酸纤维膜(NC 膜)的某一区带作为检测线(T 线)和对照线(C 线)，当 NC 膜一端浸入样品(如尿液、血液、唾液等)，借助毛细管作用，样品便会带着胶金垫上的金标抗体或抗原沿着 NC 膜向前移动，当移至 T 线和 C 线时，体系中三聚氰胺能够破坏柠檬酸根稳定的纳米金溶胶，两者一经混合，胶体金将在这一带聚集，颜色就会发生明显改变，显示出紫红色，从而实现检测(图 14-1 至图 14-4)。这一技术的检测灵敏度可达到 1ppm(1 毫克/公斤奶)，而国家液态奶残留的限量值就为 1ppm。该技术成本低廉，检测一个样品的成本不到 1 块钱，尤其适合基层检测单位对大量液态奶样本的初筛分析和现场检测。

实现这一检测的微观机理是包裹的金纳米颗粒由于静电相斥作用能良好地分散于水溶液中。当加入三聚氰胺后，因三聚氰胺能与纳米金的稳定剂发生静电和氢键两种作用而使稳定剂离开纳米金表面，减弱了对纳米金的保护作用，导致纳米金颗粒发生聚集。随着纳米金溶液中三聚氰胺的浓度增大，纳米金在520nm处的紫外吸收峰逐渐减弱，而在635nm处的吸收度逐渐变大，纳米金溶液的聚集程度随着溶液中三聚氰胺浓度的增大而增强，同时高浓度的三聚氰胺使纳米金溶液的颜色由酒红色变为紫红色，从而可以实现在肉眼水平对三聚氰胺进行识别。

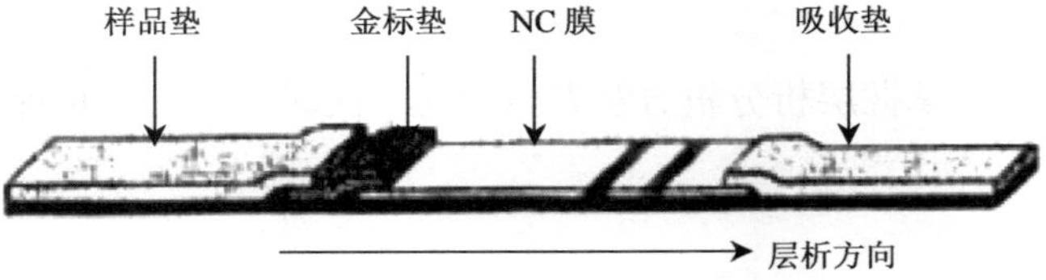

图 14-1　待测样品在试纸上流动示意图

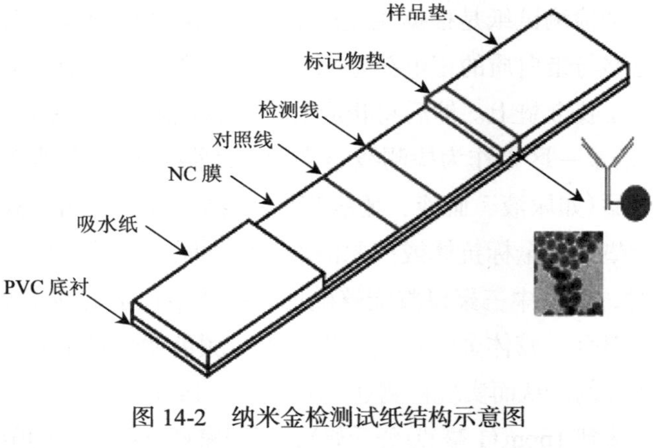

图 14-2　纳米金检测试纸结构示意图

现在国内的三聚氰胺测试用的仪器非常昂贵，价格在100万左右，一些机构的仪器向市民开放，但检测一次的成本要200元左右。用纳米金检测技术制成三聚氰胺检测试纸，市民在家就能快速测出牛奶中是否含有三聚氰胺。

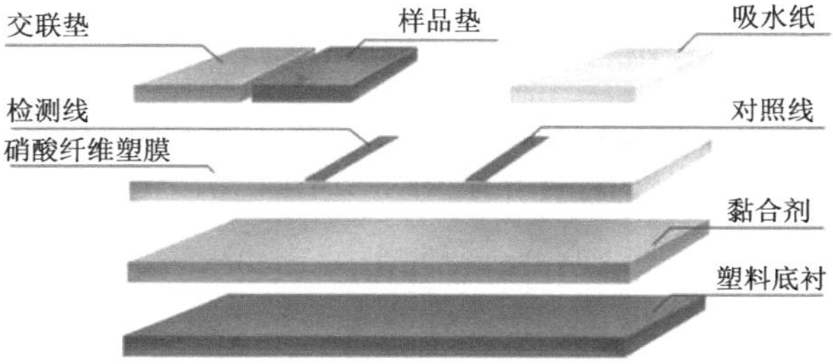

图 14-3 纳米金检测试纸结构分解图

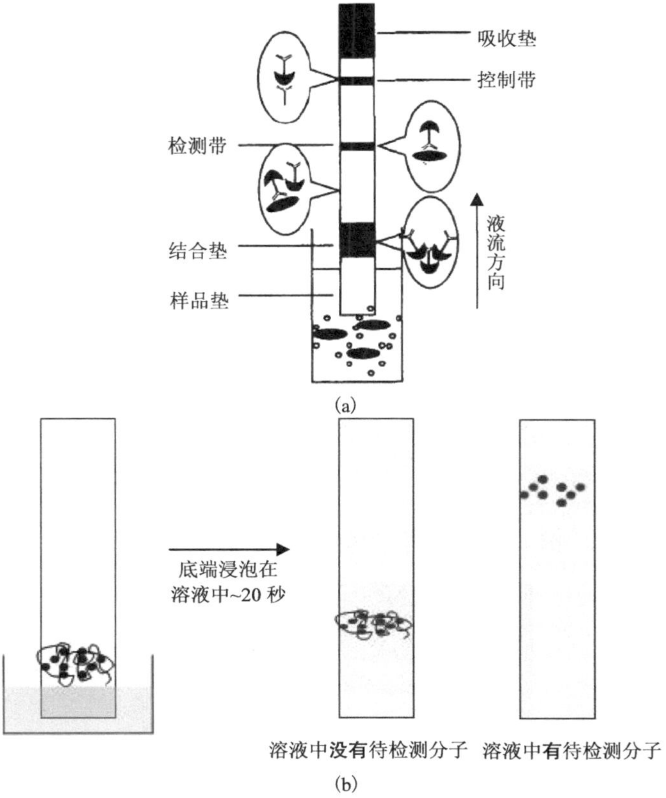

图 14-4 免疫层析试纸检测原理示意图

(a) 检测示意图；(b) 机理示意图

3 实验用品

纳米金层析检测试纸，吸管，棉签，酒精消毒液，浓度大于1mg/kg 的三聚氰胺溶液，牛奶。

4 实验内容及步骤

(1) 打开包装袋，取出检测卡和其他实验用具平放在桌面上（图 14-5 和图 14-6）。

(2) 在检测卡的加样孔内加入 2 滴三聚氰胺溶液（或牛奶），同时设立对照组，做空白实验。

(3) 最后在加样孔滴加一滴缓冲液（图 14-7）。

(4) 在 20 分钟内观察和记录结果。

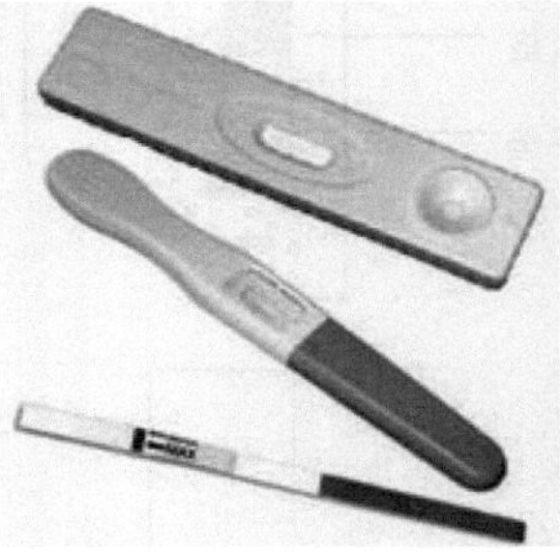

图 14-5　各种形式的纳米金层析检测试纸

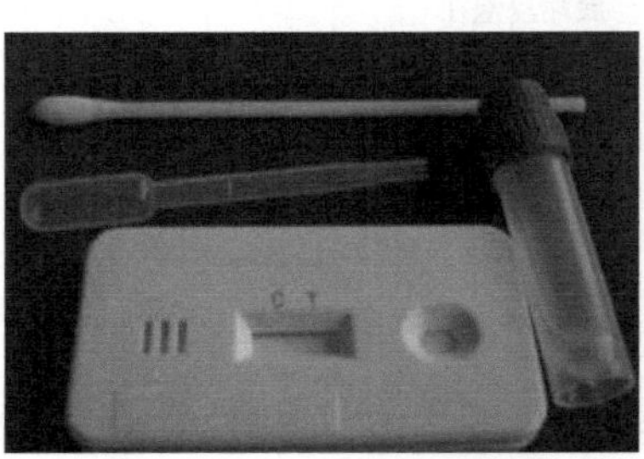

图 14-6　整套检测用具

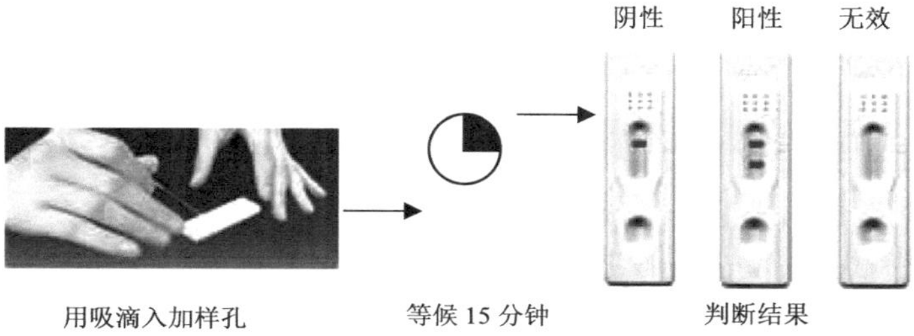

图 14-7　操作过程示意图(需严格按照步骤操作，否则可能出现无效结果)

5 实验结果提示

空白对照组没有变化，而实验组出现明显印迹(图 14-8 和图 14-9)。

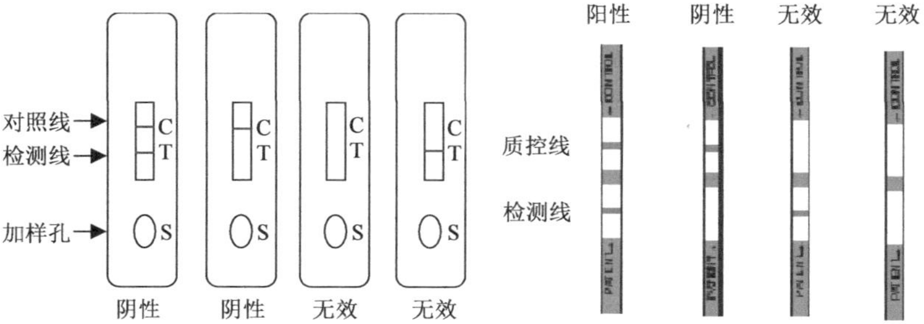

图 14-8　检测结果示意图

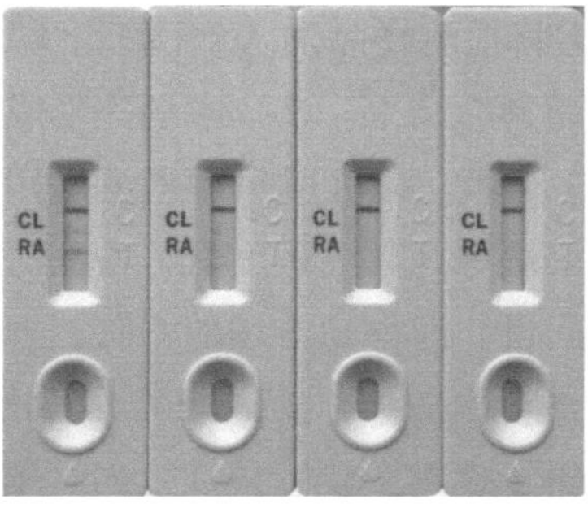

图 14-9　纳米金检测试纸检测结果实物图

6 实验问题

吸食毒品、早孕等可否用类似方法检验？

7 应用实例

毒品被吸食后其代谢产物为吗啡，从尿液中排出，运用纳米金吗啡检测试纸可在吸食毒品数天内，从吸食者的尿液中检测出。该种纳米金试纸在公安系统，戒毒所，检验检疫局，海关，医疗等领域广泛使用。纳米金试纸还被应用于早孕检测以及多类传染病的检测(如：HIV, HCV, HBV, HBsAg 等)，另外，不需借助昂贵的仪器，只需病人的几滴尿液(血或唾液)便可对多种疾病进行检测。纳米金检测试纸的出现使多种疾病的自助检测从理想变为了现实。

免疫层析检测技术是自 20 世纪 90 年代发展起来的一类快速检测技术。这种利用金纳米粒子作为示踪标记物和显色剂的金标免疫层析检测技术，以其操作简便、成本低廉、检测快速且灵敏度高等优点而受到人们的关注。它与传统的免疫检测方法不同，采用的是一种“干片法试纸”的方式，事先将所有的检测和标记试剂加入到试纸中，检测时只需将检测样品加入到试纸下端，5~10 分钟后即可通过肉眼观察显色而判断结果。该技术最先形成的产品是用于妇女早早孕检测的 HCG 试纸，以往的早孕检测采用的是利用蟾蜍的生物检测法及乳胶凝聚法等，其灵敏度低，检测时间长。采用胶体金标记的检测试纸一问世，即得到市场的青睐，现在国内外的早早孕检测普遍采用的都是胶体金标记的试纸了。以此为先导，国内外展开了对该类产品的研发热潮，我国是从 1995 年起开始研制这类检测产品的，当时主要研制的是妇女排卵检测用的胶体金标记的 LH

检测试纸。

然而，由于国内外对金纳米粒子形成过程的认识不足，均不能很好地控制其形貌和尺寸，加上用胶体金标记蛋白时采用的是利用抗体分子与金纳米粒子表面的静电相互作用实现偶联，存在着偶联效率低、稳定性差的缺点，因此水相制备形貌可控、粒径均一、稳定性好的高质量金纳米粒子是免疫层析技术产业化中的关键问题之一。

利用适用于免疫层析技术的改性纳米金，研制出改性纳米金标记的乙肝和艾滋病病毒诊断试纸，这种试纸的优点是其检测灵敏度（0.5ng/mL）比传统胶体金试纸（5ng/mL）提高了 10 倍。经 995 例临床验证，其准确性分别为 99.6%和 99.2%。检测时间小于 10 分钟，检测成本远远低于其他方法。此外，为避免肉眼观察试纸显色色带的不准确和不客观，必须研制出性能稳定、灵敏度高的配套仪器，为相关疾病的早期诊断和治疗提供可靠的定量、半定量的科学数据的关键。采用低成本的、灵敏的光电接收器作为荧光探测器，结合量子点荧光生物探针的弱信号探测技术，发展了超微量生物分子免疫检测技术，研制出可用于改性纳米金标记试纸半定量检测的光电检测仪。

从目前采用的几种新型纳米标记材料来看，由于荧光量子点达到的检测灵敏度及准确性比传统免疫检测方法高出 10^3~10^6 倍，而最具有发展前景。因此，这些荧光量子点将有可能全方位地应用于各类检测技术，包括各种体外和体内用超高灵敏度检测试剂的研制开发，比如免疫检测试纸，免疫检测试剂盒，各种蛋白和核酸芯片，体内单细胞检测试剂等。这些产品的开发，将对各种重大传染病、早期癌症、心血管疾病、自身免疫病及遗传病等提供极为准确灵敏的快速诊断，从而为这些疾病的治疗和预防提供依据，显著地改善人民的健康水平和生活质量。

8 安全性及注意事项

本实验没有危险性，适合于各个年龄阶段的人实验。

实验十五 超长余辉发光纳米材料

1 实验目的

让学生掌握超长余辉纳米发光材料的发光特性及其机理，同时了解一些可能的其他应用。

2 实验原理

稀土超长余辉发光材料简称稀土超长余辉材料，它是一类吸收太阳或人工光源所产生的光后发出可见光，而且在移除光源后仍可继续发光的物质。稀土超长余辉材料不消耗电能，可以吸收储存自然光，在黑暗中呈现明亮可辨的可见光，具有照明功能，且无毒无害无辐射，是一种储能节能的清洁“低碳”材料。稀土超长余辉荧光体是在硫化物、碱土铝酸盐和硅酸盐荧光体的基质中添加上二价的稀土元素铕和镝制成的超长余辉荧光体，余辉可达 12 个小时以上。

稀土超长余辉发光材料的发光原理目前并无统一定论，但大多学者达成以下共识：稀土元素具有丰富的电子能级，可以产生多种能级间的跃迁，如图 15-1 所示，当稀土超长余辉发光材料接受光照时，材料的晶格温度升高，并开始活跃起来，稀土离子的壳层中存在的多种能级带中的电子吸收能量跃迁到高能级，部分因能量不平衡又跃迁回基态，以发光的形式释放吸收的能量，而另一部分则通过弛豫作用，把能量储存到材料特有的缺陷能级中去。由于稀土发光材料一般都具有大量合适深度的缺陷能级，当材料离开激发光源后，在晶格振动而产生的热扰动下，被缺陷能级俘获的电子缓慢释放出来，形成了材料的超长余辉特性(图 15-1)。

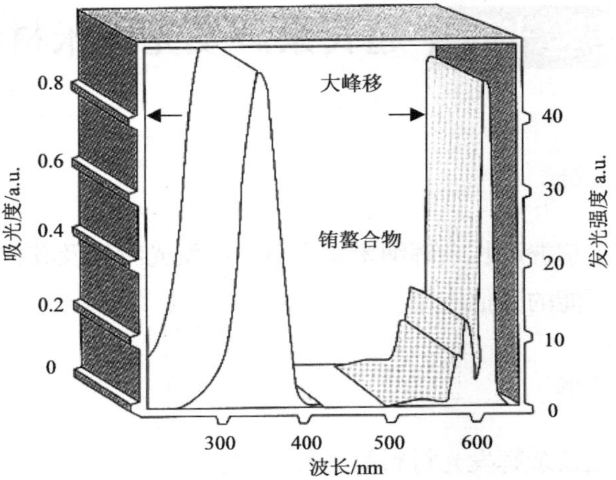

图 15-1　稀土超长余辉发光材料的发光原理

3 实验用品

白纸，彩纸，双面胶，纳米 $Sr_4Al_{14}O_{25}$: Eu^{2+}, Dy^{3+}(或纳米 $SrAl_2O_4$: Eu^{2+}, Dy^{3+})超长余辉发光粉。

4 实验内容及步骤

方案一

(1) 观察瓶中超长余辉发光纳米粉的颜色。

(2) 将盛有超长余辉发光纳米粉体材料的瓶子置于阳光下，曝晒 10 分钟。

(3) 将曝晒后的盛有超长余辉发光纳米粉的瓶子拿入暗室中，

观察发光情况。若无暗室，在室内也可以观察到预期现象。

(4)静置 10 分钟后，再次观察。

(5)30 分钟后，再次观察。

(6)1 小时后，再次观察。

方案二

(1)取一张纸，用双面胶在纸上粘拼成所需图案。

(2)除去双面胶的保护膜，使所拼成的图案部分带有黏性。

(3)用牛角勺取适量超长余辉发光纳米粉体材料，置于纸的上方，轻轻振动手腕，使超长余辉发光纳米粉体材料均匀地撒在整张纸上。

(4)将未黏附的发光纳米粉轻轻磕碰到一张白纸上，回收发光纳米粉。

(5)将纸分别置于明亮和黑暗的环境中，观察现象。

5 实验结果提示

在明亮的环境里，纸上没有任何效果，当把纸拿到黑案的环境中，纸上不干胶的位置发出荧光，就显现出图案来(图 15-2)。

图 15-2　夜光图案

6 实验问题

如何在夜晚也可以看到手表的指针？

7 应用实例

以稀土为原料的新型发光材料不含放射性物质，经可见光照10~30分钟后，即可在夜间或暗处持续发光12小时以上，例如，可以做指示路牌(图15-3、图15-4)。

图15-3　在暗室中发光的指示牌(上)和在日光下的指示牌(下)

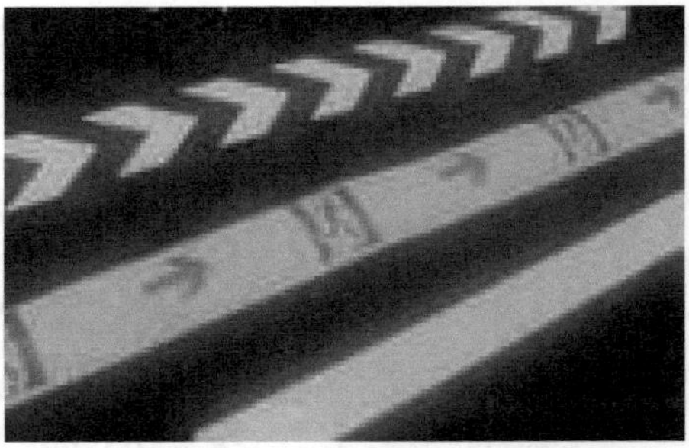

图15-4　夜晚的交通标志

8 拓展阅读

“夜明珠”尊贵高雅，神奇独特，历来是人们所推崇的稀世珍宝(图 15-5)。由于古人既无人造宝石技术，又无辐照技术，古代的夜明珠主要是天然高档宝石。随着现代科学技术的发展，夜明珠也可以通过化学合成方法人工制备。人工夜明珠就是利用人工合成的纳米超长余辉发光材料加工而成的。本实验中所用的纳米 $Sr_4Al_{14}O_{25}$: Eu^{2+}, Dy^{3+}和纳米 $SrAl_2O_4$: Eu^{2+}, Dy^{3+}二种发光材料都可以加工成为夜明珠。

图 15-5　夜明珠

纳米 $Sr_4Al_{14}O_{25}$: Eu^{2+}, Dy^{3+}和纳米 $SrAl_2O_4$: Eu^{2+}, Dy^{3+}是光致发光的超长余辉发光材料，即在光的激发条件下发光的材料，俗称“夜光粉”，白天通过太阳光的照射激发后，在晚上就可以发出能被肉眼观察到的荧光。

光致发光材料是在紫外线、太阳光或普通灯光照射后，在黑暗的环境中具有一定发光性能的材料，也叫超长余辉发光材料或蓄能发光材料。它们发光的强度和发光时间的长短与物体的材质有关。光致发光材料有多种，长见的有长磷光荧光体和稀土超长余辉荧光体。长磷光荧光体是用硫化锌与铜制成的荧光体，此种荧光体成本低，但硫化物有性质不稳定、易潮解、抗老化性差、余辉短等缺点。

光致发光材料无需电源即可在夜间使用，它有多种用途：可以制成街道路标、楼房门牌标号、消防安全标志、广告牌等。使用稀土超长余辉荧光体制成的标记，荧光强度高，荧光延时时间长，具有广阔的应用前景。

运用稀土超长余辉发光材料（图 15-6）研制开发的发光纺织品，以其独特的发光性能备受人们关注，近年来已经广泛运用于纺织服装、休闲娱乐、交通警示、消防应急等各个领域（图 15-7 至图 15-9）。

图 15-6 稀土

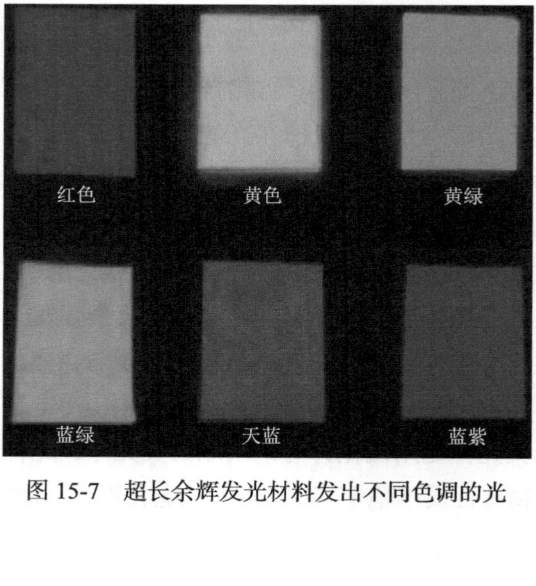

图 15-7 超长余辉发光材料发出不同色调的光

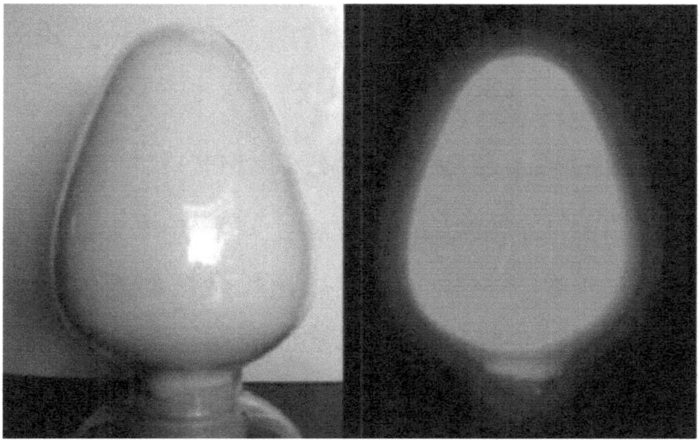

(a)　　　　　　　　(b)

图 15-8　稀土超长余辉材料发光效果

(a)有外界光源；(b)外界光源移除

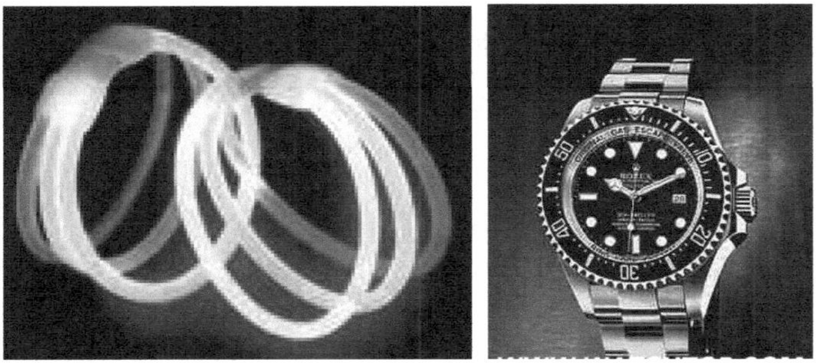

(a)　　　　　　　　(b)

图 15-9　发光棒(a)和夜光手表(b)

常用的稀土超长余辉发光材料均由稀土激活，种类有硫化物、碱土铝酸盐和硅酸盐。

1)稀土激活的硫化物超长余辉材料

近年来，稀土离子的掺杂使硫化物超长余辉发光材料取得长足发展。这些硫化物超长余辉材料以稀土离子掺杂(常见的有 Eu^{2+}、Dy^{3+}等)作为激活剂，这类发光材料颜色多样，但发光强度低，余辉时间较短。常见的硫化物超长余辉发光材料有 ZnS：Eu^{2+}、CaBaS：Cu^{+}, Eu^{2+}、CaSrS：Eu^{2+}, Dy^{3+}等。

2）稀土激活的碱土铝酸盐超长余辉材料

稀土激活的碱土铝酸盐超长余辉材料是近年来研究最多、应用最广泛的一类超长余辉材料，铝酸盐超长余辉材料发光效率高、余辉时间最长可达 30 小时以上，化学性能稳定，无放射性污染，发光颜色较为单一，为黄绿色。常见的碱土铝酸盐超长余辉材料有 $SrAl_2O_4$：Eu^{2+}, Dy^{3+}和 $BaAl_2O_4$：Eu^{2+}, Dy^{3+}等。

3）稀土激活的硅酸盐超长余辉材料

硅酸盐超长余辉材料化学性质稳定，耐水性很好，但发光性能不如铝酸盐材料。常见的硅酸盐超长余辉材料有 $Ca_2MgSi_2O_7$：Eu^{2+}, Dy^{3+}, Nd^{3+}和 $CaMgSi_2O_6$：Eu^{2+}, Dy^{3+}, Nd^{3+}等。

9 安全性及注意事项

本实验没有危险性，适合于各个年龄阶段的人实验。

实验十六 短余辉稀土荧光纳米材料

1 实验目的

让学生掌握短余辉稀土荧光纳米材料的发光特性及其机理，同时了解一些可能的其他应用。

2 实验原理

短余辉稀土荧光纳米材料属于荧光材料的一种，这类材料在吸收了一定波长的光(称为入射光，通常为紫外光或 X 射线)后，立即发出比入射光波长的光(通常在可见光波段)，即为荧光。当入射光消失时，荧光材料就会立刻停止发光。更确切地讲，荧光是指在外界光照下，人眼见到的一些相当亮的光，颜色有绿色、橘黄色、黄色等，人们也常称它们为霓虹光。

具体到短余辉稀土荧光材料，其发光原理：稀土元素具有丰富的电子能级，可以产生多种能级间的跃迁，当稀土短余辉发光材料接受光照时，材料的晶格温度升高，稀土离子壳层中存在的多种能级中的电子吸收能量跃迁到高能级(非稳定态)，因能量不平衡又跃迁回基态，在返回到基态的过程中，以可见光的形式放出能量(图 16-1)。稀土元素(是指化学元素周期表中镧系元素以及钪和钇共 17 种元素)原子的电子构型中存在 4f 轨道，这为多种能级跃迁创造了条件，从而可获得多种发光性能。

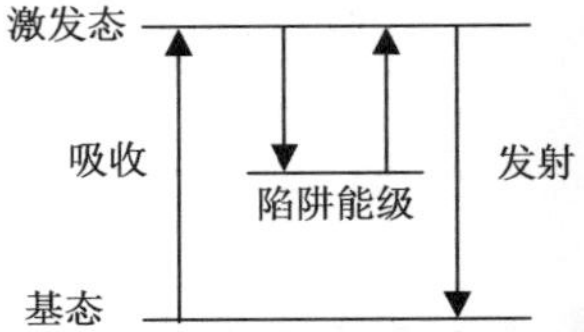

图 16-1　稀土材料发光原理图

短余辉稀土荧光材料纳米化以后，由于纳米粒子本身具有量子尺寸效应、小尺寸效应、表面效应和宏观量子隧道效应等结构特性，纳米稀土发光材料表现出许多奇特的物理和化学特性，从而影响其中掺杂的激活离子的发光和动力学性质，如宽频带光吸收、激发态寿命、能量传递、发光量子效应和浓度致荧光猝灭等。

3 实验用品

稀土纳米发光材料 $Y_3Al_5O_{12}$（或 $YSiO_5$），乙醇，紫外灯，印章，白色纸，护目镜。

4 实验内容及步骤

(1)将稀土纳米发光材料溶解于乙醇中。

(2)取出印章[图 16-2(a)]，蘸取适量上述悬浊液，在白纸上轻轻按下。

(3)待干燥后，先在日光下观察，然后在紫外灯下观察，比较现象变化。

5 实验结果提示

在日光下，白纸上看不出有任何的图案，但在紫外灯下，稀土纳米发光材料受激发发出荧光，可以看到明显的图案[图 16-2(b)]。

(a)

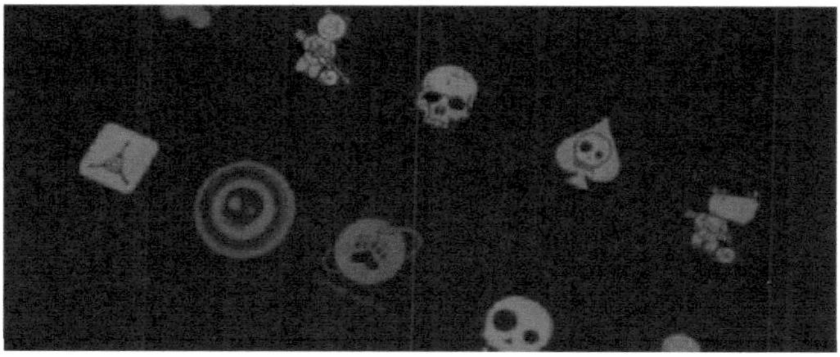

(b)

图 16-2　紫外光照前(a)和光照中(b)的小印章

6 实验问题

生活中如何防止收到假币呢?

7 应用实例

目前，稀土发光材料用量最大的是稀土三基色节能灯、彩电显像管、计算机显示器、等离子显示屏。稀土荧光灯的特点是光色好、光效高、寿命长，比白炽灯可节电 75%~80%，是节能性的光源。

1) 军事方面

稀土素有工业“黄金”之称，由于其具有优良的光电磁等物理特性，能与其他材料组成性能各异、品种繁多的新型材料，其最显著的功能就是大幅度提高其他产品的质量和性能。比如大幅度提高坦克、军用飞机(图 16-3)、导弹的钢材、铝合金、镁合金、钛合金的作战性能。稀土科技同样是电子、激光、核工业、超导等诸多高科技的润滑剂，一旦用于军事，必然带来军事科技的跃升。从一定意义上说，正是缘于美军在稀土科技领域的世界领先水平，美军在“冷战”后几次局部战争中能够压倒性地控制局面。

图 16-3　应用稀土材料的武器装备

2) 冶金工业方面

稀土球墨铸铁生产过程中，通常使用稀土硅镁合金、稀土硅铁合金作为球化剂。由于这种稀土球墨铸铁特别适用于生产有特殊要求的复杂球铁件，因此被广泛用于拖拉机、柴油机、汽车等机械制造业；稀土元素或硅化物、氟化物加入钢中，能起到脱硫、精炼、中和低熔点有害杂质的作用，并可以改善钢的加工性能；稀土金属添加至铜、锌、镁、铝、镍等的有色金属合金中，可以改善合金的物理化学性能，并提高合金室温及高温机械性能(图 16-4)。

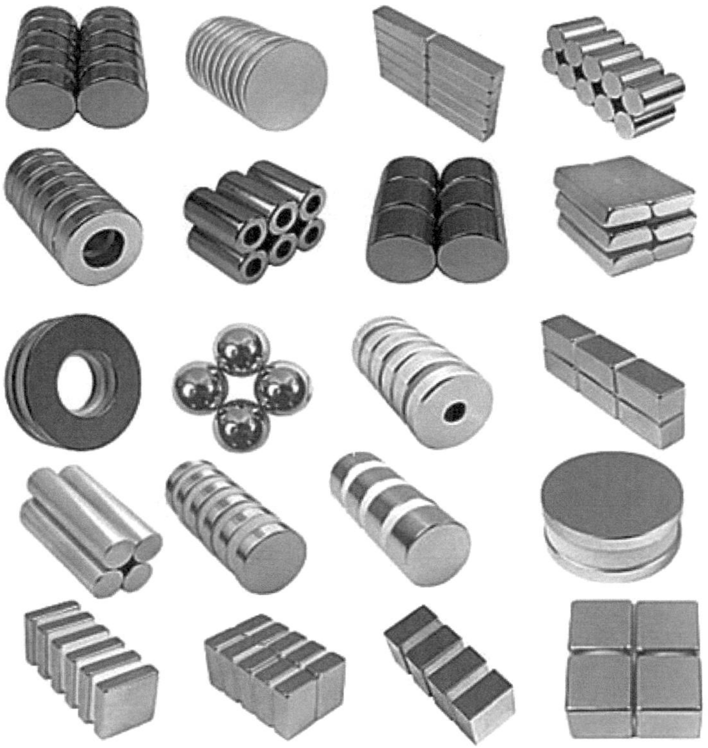

图 16-4　各种稀土铸件

3）石油化工方面

在合成氨生产过程中，用少量的硝酸稀土为助催化剂，其处理量比镍铝催化剂的大 1.5 倍；用稀土制成的分子筛催化剂，具有活性高、选择性好、抗重金属中毒能力强的优点，因而取代了硅酸铝催化剂用于石油催化裂化过程；复合稀土氧化物还可以用作内燃机尾气净化催化剂；环烷酸铈可用作油漆催干剂；在合成顺丁橡胶和异戊橡胶过程中，采用环烷酸稀土-三异丁基铝型催化剂，所获得的产品性能优良，此外还有设备挂胶少，运转稳定，后处理工序短等优点(图 16-5)。

图 16-5　添加稀土材料的橡胶

4)玻璃陶瓷方面

在瓷釉和陶釉中添加稀土，能使制品呈现不同的光泽和颜色，并可以减轻釉的碎裂性，因此被广泛用于陶瓷工业；在熔制玻璃过程中，可利用二氧化铈对铁的强氧化作用，降低玻璃中铁的含量，以达到脱除玻璃中绿色的目的；经过加工处理的稀土精矿或稀土氧化物，皆可作为抛光粉广泛用于显像管、示波管、光学玻璃、平板玻璃、眼镜片、金属餐具及塑料的抛光；添加稀土氧化物可以制得不同用途的特种玻璃和光学玻璃，其中包括能吸收紫外线、透过红外线的玻璃，防 X-射线的玻璃，耐热及耐酸的玻璃等(图 16-6)。

图 16-6　含有稀土元素的激光器

5) 新材料方面

稀土六硼化物可用于制作发射电子的阴极材料；纯稀土氧化物和三氧化二铁化合而成的石榴石型铁氧体单晶及多晶，可用于微波与电子工业；稀土钴及钕、铁、硼永磁材料，具有高磁能积、高矫顽力和高剩磁，被广泛用于航天及电子工业(图 16-7)；用高纯氧化钕制作的钇铝石榴石和钕玻璃，可作为固体激光材料；镧镍金属是 20 世纪 70 年代发展起来的贮氢材料；铬酸镧是高温热电材料；近年来，世界各国采用钡钇铜氧元素改进的钡基氧化物，使超导材料的研制取得了突破性进展。利用其制作的高温超导材料，可在液氮温区具有超导性。

图 16-7　应用稀土材料的电机

6) 在农业方面

使用适当浓度的稀土元素能促进植物对养分的吸收、转化和利用。研究结果表明，稀土元素可以提高植物的叶绿素含量，增强光合作用，促进根系发育，增加根系对养分的吸收。稀土肥料能快速腐解有机物的木质粗纤维，加快秸秆的腐熟(图 16-8)。稀土能促进种子萌发，提高种子的发芽率，促进幼苗生长。除了以上主要作用外，还能增强某些作物抗病、抗寒、抗旱的能力。喷施稀土可使柑橘和苹果等果实的总含糖量、V_C含量以及糖酸比均有所提高，促进果实早熟和着色，并可抑制果实在储存过程中的呼吸强度，降低腐烂率。

图 16-8　稀土肥料

7）日常生活方面

当我们买东西时，常常为收到纸币的真假而烦恼。如果我们随身携带一个迷你型紫外光验钞器或验钞笔，问题就迎刃而解（图 16-9 和图 16-10）。

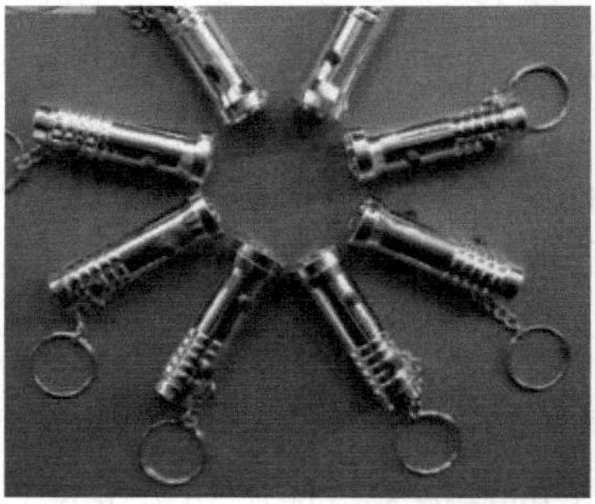

图 16-9　迷你型紫外光验钞器

图 16-10　紫外灯照射下的人民币防伪图案

为什么在紫外光验钞器或验钞笔的照射下，我们会看到图案，而在普通光下却看不到呢？奥妙源于纸币所用的材料。纸币中的发光材料属于短余辉发光材料，在紫外照射下能够吸收能量，发出可见光，这就是我们能在紫外光下看到纸币中隐藏图案的原因。

此外，稀土还广泛用于照明光源(图 16-11)、三基色荧光粉、投影电视荧光粉、增感屏荧光粉、复印灯粉等。其中，稀土荧光灯的特点是光色好、光效高、寿命长，比白炽灯可节电 75%~80%，是节能性灯具。

(a)　(b)

图 16-11　应用了稀土材料的灯具

(a)太阳能稀土节能路灯；(b)稀土节能荧光灯

在轻纺工业中，稀土氯化物还广泛用于鞣制毛皮、皮毛染色、毛线染色及地毯染色及装饰品等方面(图 16-12 和图 16-13)。

图 16-12　稀土材料制备的纺织品

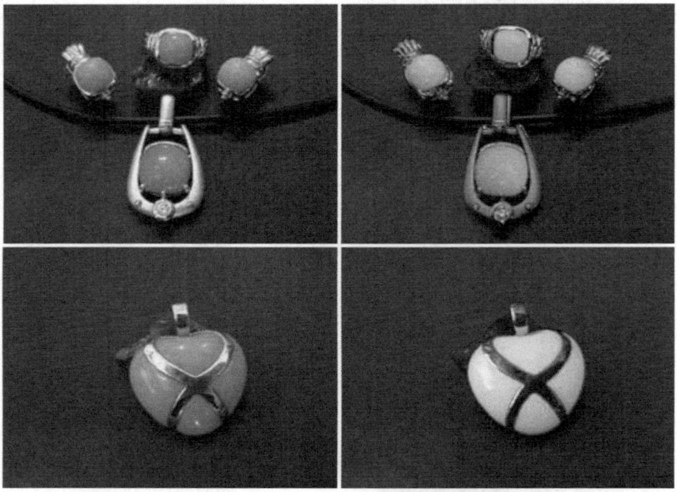

图 16-13　稀土首饰

8 安全性及注意事项

本实验中用到紫外灯，由于紫外线长期照射对人体有害，所以在使用时尽量远离人群。在中间观察时，可暂时关掉紫外灯，或者佩戴护目镜。

本实验使用到紫外灯，故仅适合于有一定物理和化学知识的青少年实验，不适合于小学生操作。

9 拓展阅读

1)什么是稀土?

化学元素周期表中，镧系元素——镧(La)、铈(Ce)、镨(Pr)、钕(Nd)、钷(Pm)、钐(Sm)、铕(Eu)、钆(Gd)、铽(Tb)、镝(Dy)、钬(Ho)、铒(Er)、铥(Tm)、镱(Yb)、镥(Lu)，以及与镧系的 15 种元素密切相关的两个元素——钪(Sc)和钇(Y)共 17 种元素，称为稀土元素(rare earth)，简称稀土(RE 或 R)。

稀土一词是历史遗留下来的名称。稀土元素从 18 世纪末开始陆续被发现，当时人们常把不溶于水的固体氧化物称为土，稀土一般是以氧化物状态分离出来的，又很稀少，故而得名“稀土”(图 16-14)。除钪之外(有的将钪划归为稀散元素)，人们通常把镧、铈、镨、钕、钷、钐、铕称为轻稀土或铈组稀土，把钆、铽、镝、钬、铒、铥、镱、镥、钇称为重稀土或钇组稀土；也有的根据稀土元素物理化学性质的相似性和差异性，把这 16 种元素划分成三组：轻稀土组为镧、铈、镨、钕、钷；中稀土组为钐、铕、钆、铽、镝；重稀土组为钬、铒、铥、镱、镥、钇。

图 16-14　不同颜色的稀土纳米发光材料

稀土元素在地壳中的含量并不稀少，总的克拉克值达到了2.3451%，比常见元素铅(克拉克值 0.16%)、铜(克拉克值 0.1%)、镍(克拉克值 0.8%)、锌(克拉克值 0.5%)、锡(克拉克值 0.4%)、钴(克拉克值 0.3%)都多。稀土元素在自然界矿物中的分布总体上看存在着三个特点：①铈组元素(La、Ce、Pr、Nd、Pm、Sm、Eu)在地壳中的含量大于钇组元素(Tb、Dy、Ho、Er、Tm、Yb、Lu、Y、Gd)；②随原子序数的增加，稀土元素的克拉克值呈下降趋势；③原子序数为偶数的稀土元素的克拉克值一般大于与其相邻的奇数元素。

2)稀土发现史

从 1794 年人类发现第一个稀土元素钇开始，至今已整整 218 年了。尽管稀土元素从数量上看不多，但 17 种稀土元素并不是一下子就被全部发现的，其发现史漫长而曲折。在整整经历了 153 年的艰苦历程之后，到 1947 年才找到最后一个稀土元素钷。在漫长的发现进程里，充满了历史性的误会。

在有关化学元素发现史的书中，对于稀土元素的最初发现都是这样描述的：稀土发现始于北欧。1787 年，业余矿物学家、瑞典陆军中尉阿累尼乌斯(C. A. Arrhenius)在斯德哥尔摩附近一个名叫伊特比(Yteerby)的小村捡到一块他从未见到过的黑色矿石，就借用这个村名将其命名为 Yteerite。1794 年芬兰化学家加多林(J. Gadolin)

声称从这种矿物中发现了一种新元素“钇土”，将其命名为Yteelium(钇)。大家都把这一年算作是发现了第一个稀土元素钇的年代。

其实，这是一个美丽的误会。因为，加多林当初发现的“钇土”并不是一种稀土元素，而只能说是“钇组稀土”混合氧化物。后来，科学家又从这种“钇土”中相继发现了镱、铒、铽等重稀土元素。原来是先前的化学家们把几个“孪生兄弟”都当成“一个人”了。同样的误会也发生在轻稀土身上。

在发现“钇土”9年后的1803年，瑞典化学家伯采利乌斯(J. J. Berzelius)和他的老师黑新格尔(W. Hisingerr)公开了发现新元素“铈土”的报告，并将其命名为Cerium(铈)。同样的故事再一次发生，这个“铈”也不是比较纯的氧化铈，而只是“铈组稀土”的混合氧化物。其后的化学家们，又从其中分离出镧、镨、钕等轻稀土元素。同样是把几个面孔极为相像的轻稀土“孪生姐妹”误认为是“一个人”了。

这种艰难寻找和误会几乎充满了17种稀土元素发现的全过程。在伯采利乌斯发现“铈”36年后，也就是1839年，瑞典化学家莫桑德尔(Carl Mosander)发现了“镧”(其命名源于希腊语“隐藏者”)。两年后的1841年，莫桑德尔又从“铈土”中发现了“迪迪姆”(Didymium，希腊语为“孪生子”之意)，其实它就是镨钕化合物。直到1885年，奥地利化学家韦尔斯巴克(C. F. Auer Von Welsbach)才发现原来这个“迪迪姆”并非只与镧孪生，而是一对新的孪生子——镨和钕。从镨钕化合物到真正发现单一的镨和钕元素，竟然经历了整整44年。然而重稀土的发现竟然也经历了极为漫长的历程，从发现钇(1794年)，经过发现铒(1843年)、镱(1878年)、钬(1879年)、铥(1879年)，到1907年发现最后一个重稀土元素镥，历经113年。

化学元素周期表的最早发现者门捷列夫在世时，虽然只发现了钇、镧、铈、铒和镨钕化合物（“迪迪姆”），但是他已经意识到稀土元素对他的周期表影响极大，却无法安排好它们的位置。他在去世前曾痛苦地写道：“(稀土)这是周期表中最难的问题之一”。后来，化学历史学家进行过统计，在1878~1913年的35年中，至少有100种稀土元素在各种科学杂志上报道发现。当然，绝大部分后来都被否定了。甚至还有人在愚人节那天，声称发现了两种新的稀土元素，用稀土跟大家开了个玩笑，也算是给长期郁闷的稀土发现史添加了一个幽默的小插曲。

直到1947年，美国人马林斯克(J. A. Marinsky)和他的同事们在原子反应堆铀废料中分离出最后一个稀土元素钷，才算结束了17种稀土元素的全部发现史。也正是从这一年开始，美国科学家发明了用离子交换法分离稀土，并由著名学者斯佩丁(F. H. Spedding)改进了离子交换工艺，才能制备出公斤级的纯净单一稀土，这为研究各种单一稀土的本征特性和开发稀土的用途创造了基本的条件，使人们逐步对稀土丰富的光、电、磁和核性质有所认识，为各种稀土功能材料的研制和应用奠定了基础。由此，稀土才由充满误会的元素发现期，真正步入了产业化发展和作为战略元素的应用黄金期。

稀土每个成员均有特性，它们个个身手不凡，在国民经济很多领域大显神通。特别是稀土元素具有的丰富的电子能级，是其他元素所不具备的，这使其具有优异的声、电、光、磁、热等性能，利用这些性能可以开发出具有优异功能特性的新材料和新器件。科学家们一致预言，在21世纪六大新技术领域——信息、生物、新材料、新能源、空间和海洋，稀土这个元素大家族一定会做出更为显赫的贡献。

3)稀土的存在状态

在自然界中，稀土主要富集在碱性岩、花岗岩、碱性超基性岩，以及与它们有关的矿床中。稀土元素在矿物中的赋存状态，按矿物晶体化学分析主要有三种。

(1)共生矿。稀土元素以置换矿物中 Ca、Sr、Ba、Mn、Zr 等元素的形式分散在矿物中。这类矿物在自然界中较多，但是大多数矿物中的稀土含量较低。含稀土的磷灰石、萤石均属于此类。

(2)单纯稀土矿物。稀土元素参加矿物的晶格，构成矿物必不可少的组成部分。氟碳铈矿($[La, Ce]FCO_3$)、独居石($REPO_4$)都属于此类。

(3)伴生矿。稀土元素呈离子吸附状态赋存于某些矿物的表面或颗粒之间。这类矿物属于风化壳淋积型矿物，稀土离子吸附于哪种矿物与该种矿物风化前所含的矿母岩有关。稀土元素在地壳中的平均含量为 165.35×10^{-6}。在自然界中稀土元素主要以单矿物形式存在，目前世界上已发现的稀土矿物和含稀土元素的矿物有 250 多种，其中稀土含量大于 5.8%的有 50~65 种，可视为独立的稀土矿物。重要的稀土矿物主要为磷酸盐和氟碳酸盐。

4)稀土矿物总的特点

一是部分稀土矿物(特别是复杂的氧化物及硅酸盐)呈非晶质状态；二是稀土的硅酸盐主要是岛状，没有架状、层状和链状构造；三是缺少硫化物和硫酸盐(只有极个别的)，这说明稀土元素具有亲氧性；四是稀土元素由于其原子结构、化学和晶体化学性质相近而经常共生在同一个矿物中，即钇族稀土和铈族稀土元素常共存于一种矿物中，但这类元素并非等量共存，有些矿物以钇族为主，有些矿物以铈族稀土为主；五是稀土矿物的分布，在岩浆岩及伟晶岩中以硅酸盐及氧化物为主，在热液矿床及风化壳矿床中以氟碳酸盐、磷酸盐为主。富钇的矿物大部分存在于花岗岩类岩石和与其有关的伟晶岩、气成热液矿床及热液矿床中。

已发现的 250 多种稀土矿物和含稀土元素的矿物中，适合现今选冶条件的工业矿物仅有 10 余种：

(1) 富钐及钆的矿物：铌钇矿、硅铍钇矿、黑稀金矿。

(2) 含铈族稀土(镧、铈、钕)的矿物：独居石、氟碳钡铈矿、氟碳铈钙矿、氟碳钙铈矿和氟碳铈矿。

(3) 含钇族稀土(钇、镝、铒、铥等)的矿物：磷钇矿、黑稀金矿、褐钇铌矿、氟碳钙钇矿、钇易解石。

实验十七 低辐射玻璃隔热效果实验

1 实验目的

让学生掌握玻璃节能的机理，同时了解一些可能的其他应用。

2 实验用品

两块普通白玻璃(或者一块普通白玻璃，一块已经做好镀层的低辐射玻璃)，纳米隔热涂层材料(或透明隔热玻璃贴膜)，两个纸盒子，两个温度计，干净的布，刷子，胶水。

3 实验内容及步骤

(1)先将玻璃表面用布擦干净。

(2)用刷子在一块玻璃的一面均匀地涂覆纳米隔热涂层材料，等待表面干燥(或购买汽车透明隔热贴膜，贴到玻璃上)。以此玻璃进行的实验称为实验组，以另一块白玻璃进行的实验称为对照组。

(3)把两个纸盒子的一个侧面打开(图 17-1)。

(4)将温度计置于纸盒子的内部(图 17-2)。

(5)把纸盒子边缘涂上胶水，粘贴在已经干燥的、有涂层的玻璃表面上。

(6)将纸盒子置于阳光下。

(7)10 分钟后，观察两个纸盒子内温度计的读数，并记录时间-

温度数据(表 17-1)。

图 17-1　打开的纸盒子

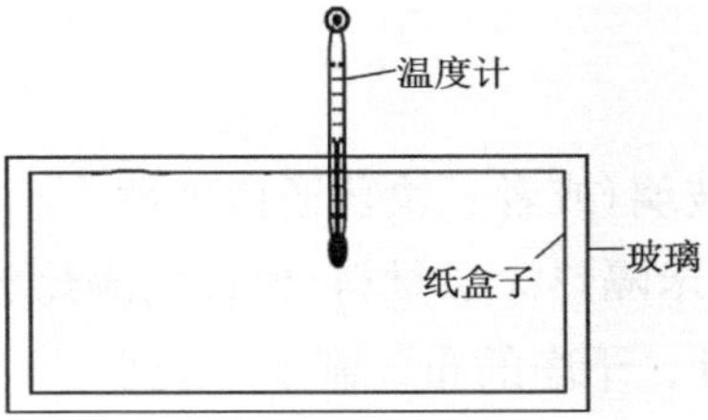

图 17-2　测试箱剖面图

(8)20 分钟后，观察两个纸盒子内温度计的读数，并记录时间-温度数据。

(9)30 分钟后，观察两个纸盒子内温度计的读数，并记录时间-温度数据。

(10)将纸盒子拿入室内，10 分钟后，观察两个纸盒子内温度计的读数，并记录时间-温度数据。

(11)20 分钟后，观察两个纸盒子内温度计的读数，并记录时间-温度数据。

(12)30 分钟后，观察两个纸盒子内温度计的读数，并记录时间-温度数据。

表 17-1　实验数据记录表

时间	实验组	对照组
10 分钟		
20 分钟		
30 分钟		

4 实验结果提示

在阳光下，刚开始的 10 分钟内，两个纸盒子内温度计的读数均有所升高，但差别不是很明显，玻璃未做涂层的纸盒子内的温度稍高；30 分钟后，两个纸盒子内温度计的读数均升高，差别非常明显，玻璃未做涂层的纸盒子内的温度明显偏高[图 17-3(a)]。

在室内，刚开始的 10 分钟内，两个纸盒子内温度计的读数均有所下降，玻璃未做涂层的纸盒子内的温度计读数降幅稍大；30 分钟后，玻璃未做涂层的纸盒子内的温度计读数降幅明显偏大，如果时间足够长玻璃未做涂层的甚至会低于玻璃做了涂层的纸盒子的温度[图 17-3(b)]。

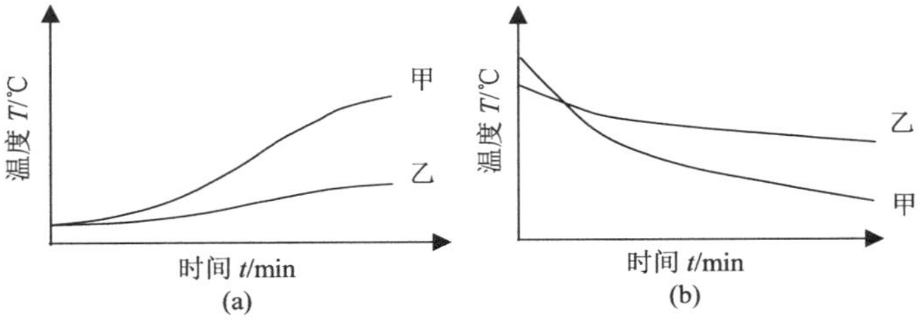

图 17-3　两测试箱在太阳下(a)和室内(b)的温度曲线图
(甲为对照组，乙为实验组)

记录更多的时间-温度数据可以到更加精确的数据曲线。如果先将对照组拿入室内，待实验组与对照组温度一致时再将实验组拿入室内，然后记录时间-温度数据，实验结果会更具有对比性。

5 实验问题

玻璃如何节能呢？

6 实验原理

随着人们审美观点的发展，对建筑的美观也提出了越来越高的要求，玻璃作为建筑物重要的装饰材料，在建筑行业中的使用量也不断增大。然而，随着建筑修建得越来越高，建筑的能耗也越来越高，同时，随着人类环保意识的提高，对建筑节能也提出了越来越高的要求。

外门窗玻璃的热损失是建筑物能耗的主要部分，占建筑物能耗的 50%以上。这就要求人们在选择建筑物的玻璃门窗时，除了考虑其美学和外观特征外，还要注重其热量控制、制冷成本和内部阳光投射舒适平衡等问题(图 17-4)。

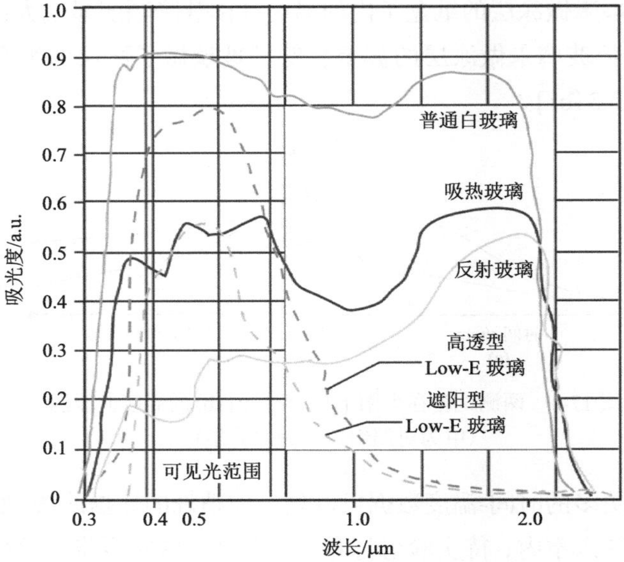

图 17-4　几种玻璃的吸收光谱图

太阳辐射能量的 97%集中在波长为 0.3~2.5 微米范围内，这部分能量来自室外；100℃以下物体的辐射能量集中在 2.5 微米以上的长波段，这部分能量主要来自室内。太阳光中的短波透过窗玻璃后，照射到室内的物品上，这些物品被加热后，将以长波的形式再次辐射能量(图 17-5)。

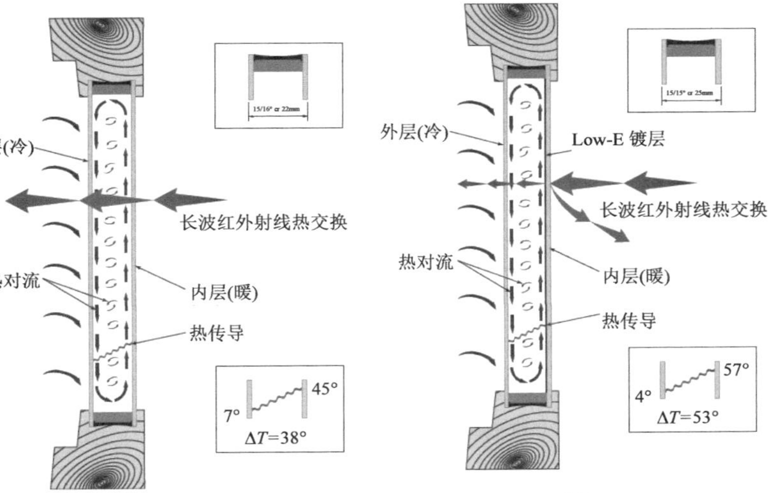

(a) (b)

图 17-5 Low-E 玻璃工作原理示意图

(a) 普通中空玻璃；(b) Low-E 镀膜中空玻璃

若以室窗为界，冬季或在高纬度地区我们希望室外的热量进来，而室内辐射的能量不要外泄。若以辐射的波长为界，室内、室外辐射能的分界点就在 2.5 微米波长处。因此，选择具有一定功能的室窗玻璃就成为建筑节能的关键(图 17-6)。

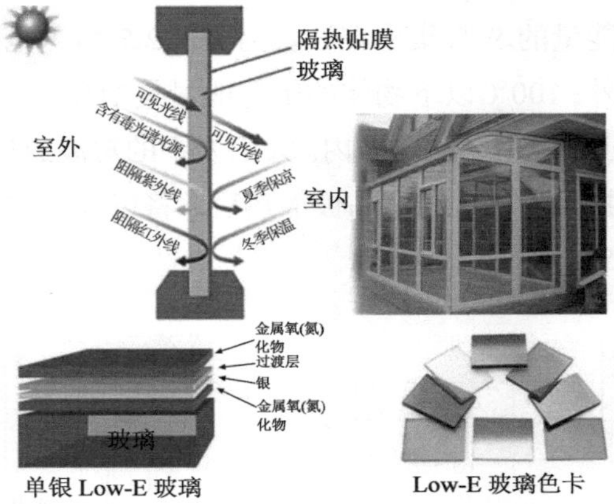

图 17-6　Low-E 玻璃工作原理及结构示意图

有关研究资料表明，玻璃内表面的传热以辐射为主，占 58%，这意味着要从改变玻璃的性能来减少热能的损失，最有效的方法是抑制其内表面的辐射。3 毫米厚的普通透明玻璃对太阳辐射能具有 87%的透过率，白天来自室外的辐射能量可大部分透过；但夜晚或阴雨天气，来自室内物体热辐射能量的 89%被其吸收，使玻璃温度升高，然后再通过向室内、外辐射和对流交换散发其热量，故无法有效地阻挡室内热量泄向室外。但是当普通伏法玻璃镀上一层以银为基质的低辐射薄膜，或者涂覆纳米氧化铟锡等透明隔热涂层，其辐射率可降至 0.1 以下，能实现良好的绝热性能。这就使得镀膜玻璃家族中的新贵——Low-E（译称娄义）玻璃脱颖而出，成为人们关注的焦点。

Low-E 玻璃又称低辐射玻璃，是在玻璃表面镀上多层金属或其他化合物组成的膜系产品。其镀膜层具有对可见光高透过及对中远红外线高反射的特性，使其与普通玻璃及传统的建筑用镀膜玻璃相比，具有优异的热性能和良好的光学性能。用 Low-E 玻璃制造建筑物门窗，可大大降低因辐射而造成的室内热能向室外的传递，达到理想的节能效果。

仅有高的太阳能透射，而不能有效地保持这些能量，就不能算是节能材料。Low-E 镀膜中空玻璃是一种较好的节能采光材料。它具有较高的太阳能透过性，非常好的绝热性能，也就是非常低的辐射率。Low-E 中空玻璃对 0.3~2.5 微米的太阳能辐射具有 60%以上的透过率，白天室外辐射的能量可大部分透过，但夜晚和阴雨天气，由于镀膜的效果，室内物体的热辐射(长波)约有 50%以上被其反射回室内，仅有低于 15%的热辐射被其吸收后通过再辐射和对流交换而散失，故可有效地阻止室内的热量泄向室外。事实上，热辐射通过窗玻璃再次辐射被降低到 85%，显著地改善了窗玻璃的绝热性能。Low-E 玻璃的这一特性，使得窗玻璃附近的温度较高，人在窗玻璃附近也不会感到特别不适。应用 Low-E 窗玻璃的建筑其室内温度也相对较高，因此在冬季不会结霜，室内的人也会倍感舒适。Low-E 玻璃还能够阻挡大量的紫外线透过，防止室内的物品褪色。

室内热量损失的降低所带来的另一个显著效益是环保。寒冷季节，因建筑物采暖所造成的二氧化碳、二氧化硫等有害气体的排放是重要的污染源。如果使用 Low-E 玻璃，由于热损失的降低，可大幅减少因采暖所消耗的燃料，从而减少有害气体的排放。

另外，Low-E 对太阳光中的可见光有高的透射率，可达 80%以上，而反射率则很低，这使其与传统的镀膜玻璃相比，光学性能大为改观。从室外观看，更透明、清晰，既保证了建筑物良好的采光，又避免了以往大面积玻璃幕墙、中空玻璃门窗光反射所造成的光污染现象，营造出更为柔和、舒适的光环境(图 17-7 和图 17-8)。

图 17-7 各种色调的 Low-E 玻璃

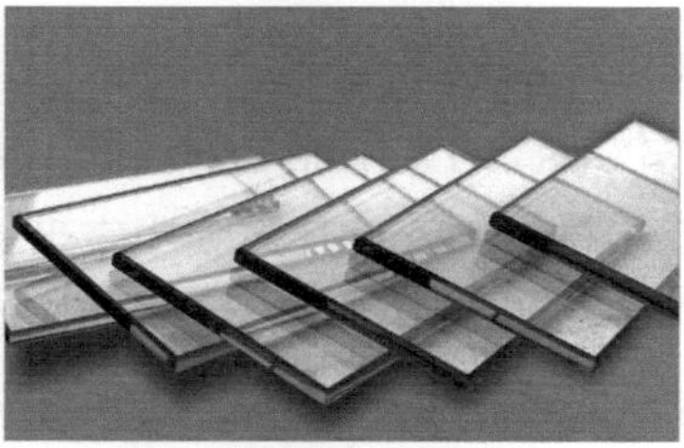

图 17-8 高透光 Low-E 玻璃

Low-E 玻璃的上述特性使其在发达国家获得了日益广泛的应用。我国是一个能源相对匮乏的国度，能源的人均占有量很低，而建筑能耗已经占全国总能耗的 27.5%左右。因此，大力开发 Low-E 玻璃的生产技术并推广其应用领域，必将带来显著的社会效益和经济效益。

应用实例

纳米透明隔热涂层制造的节能玻璃，其单片涂膜隔热玻璃的隔热、节能、防紫外线等各方面的性能效果已达到和超过普通的中空玻璃，但是价格却较之便宜；中空涂膜隔热玻璃的隔热、节能、防辐射、防紫外线等等各方面的性能效果已达到和超过镀膜 Low-E 玻璃，但是价格也较之便宜(图 17-9 至图 17-11)。

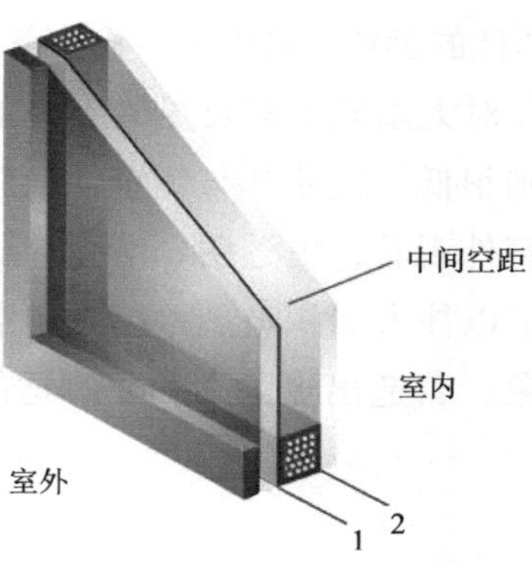

图 17-9 Low-E 玻璃结构示意图(1 和 2 为镀层)

图 17-10　应用 Low-E 玻璃的建筑

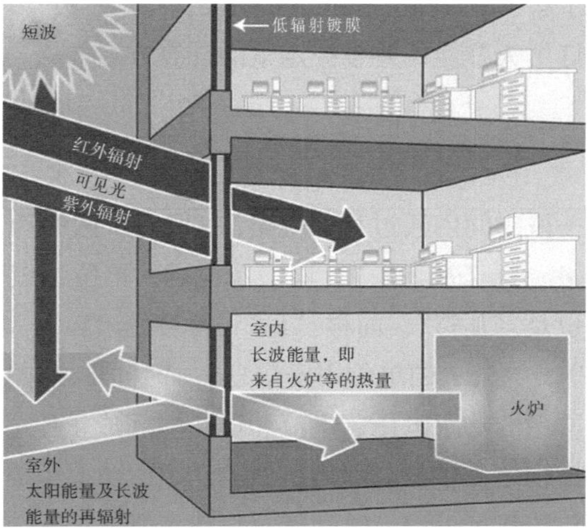

图 17-11　安装 Low-E 玻璃后效果示意图

8 安全性及注意事项

本实验用到玻璃和温度计，小学生操作时，需要全程都在成人的监护下进行。

实验十八 LED灯节能效果实验

1 实验目的

让学生了解LED(light emitting diode，发光二极管)灯比普通白炽灯及节能灯更为节能，并掌握定量的计算方法

2 实验原理

电流在一段时间内通过某一电路，电场力所做的功，称为电功。计算公式是 $W=Pt=UIt$。式中，W 表示电功，单位是焦耳(J)；P 表示功率，单位是“瓦特”，简称“瓦”，符号是“W”；电压 U 的单位用伏特(V)，电流 I 的单位用安培(A)，时间 t 的单位用秒(s)。可见，电流所做的功跟电压、电流和通电时间成正比。

功率是指物体在单位时间内所做的功，即功率是描述做功快慢的物理量。功的数量一定，时间越短，功率值就越大。求功率的公式为功率=功/时间，功率可分为电功率，力的功率等。故计算公式也有所不同。本实验涉及的是电功率。

如果时间相等，电压相同，那么，普通白炽灯、普通节能灯、LED 灯三者的耗电(W)比较则就转化为三者的电流比较，电流小的，最为节能。

3 实验用品

相同光通量的螺丝口普通白炽灯泡、节能灯和 LED 灯，开关，导线，电流表，电压表，螺丝口灯座，带插头的导线。

4 实验内容及步骤

(1)将电流表和螺丝口灯座串联。

(2)将电压表和电流表与螺丝口灯座组成的电路并联(图 18-1 和图 18-2)。

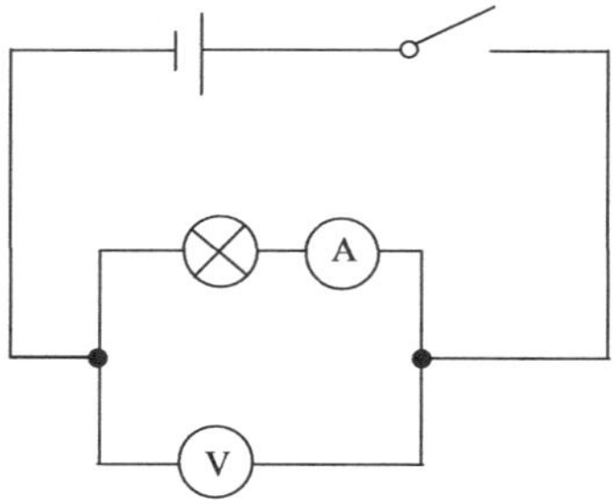

图 18-1　等效电路图

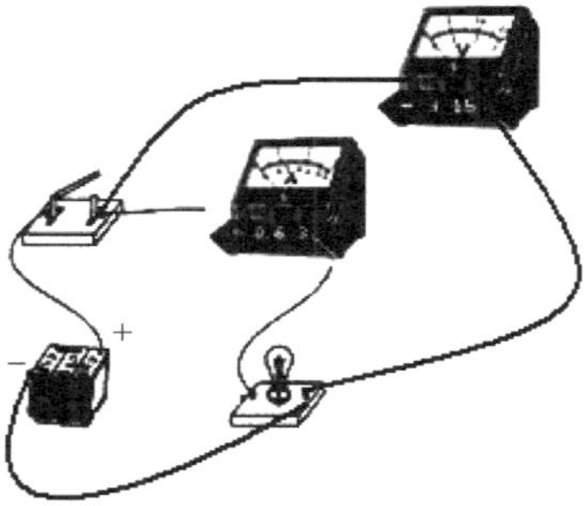

图 18-2　电路实物图

(3)将开关与以上电路串联。

(4)将组成的电路连接到有插头导线的两端。

(5)然后把螺丝口普通白炽灯泡拧到螺丝口灯座上。

(6)把插头插到电源插座上。

(7)合上开关，记录电流、电压。

(8)十分钟后，断开开关。

(9)待灯泡温度降低到不烫手时，将灯泡取下，换上节能灯。

(10)合上开关，记录电流、电压。

(11)十分钟后，断开开关。

(12)待灯泡温度降低到不烫手时，将灯泡取下，换上 LED 灯。

(13)合上开关，记录电流、电压。

(14)十分钟后，断开开关。

(15)将上述实验结果填入表 18-1，并计算各自功率及电功。

表 18-1　三种灯的耗电量比较

	普通白炽灯泡	普通节能灯	LED 灯
电流(I)			
电压(U)			
功率(P)			
时间(t)			
电功(W)			

5 实验结果提示

上述三个实验的电压相同，但电流(I)不同：$I_{白炽}>I_{节能}>I_{LED}$。通过功率计算公式 $P=UI$ 计算，可以得出这样的结论：LED 灯的节能效果好于普通节能灯，而普通节能灯的节能效果又好于普通白炽灯。

6 实验问题

相同光通亮(用流明表示)的普通白炽灯泡、节能灯、LED 灯，哪个更节能?

7 应用实例

由于 LED 光源具有发光效率高、耗电量少、使用寿命长、安全可靠性强，有利于环保等特性，近几年来在城市灯光环境中得到了广泛的应用。传统的 LED 主要应用于信号显示、建筑物航空障碍灯、航标灯、汽车信号灯、仪表背光照明等五大领域。如今在舞台照明、景观照明、城市美化、显示器背光源等方面的应用也越来越广泛。

科技研究者经过几十年的研究已经成功研制出各种光色的 LED，其分类及应用参见表 18-2。

表 18-2　不同材料构成的 LED 及其应用领域

分类	材料	应用领域
传统亮度	GaP、GaAsP、AlGaAs	家电、信息产品、通讯产品、消费性电子产品
高亮度	AlGaInP　(红、橙、黄光)	大型看板、交通号志、背光源、汽车第三刹车灯
	GaInN　(蓝、绿光)	
	GaInN+荧光粉(白光)	照明用

1) 太阳能景观用灯

随着我国经济水平的不断增长，我国城市化速度越来越快。“火树银花不夜城”是许多城市的真实写照，也是现代化城市的标志之一。因此，景观照明、建筑照明的需求量也越来越大。传统的照明是采用建筑物的被动发光，其耗电量非常大。如果采用 LED 主动发光的方式进行亮化，其耗电量仅为被动发光亮化方式的 5%。由于 LED 节能的特点，LED 已经开始进入城市亮化工程。在当前能源紧张的情况下，景观 LED 灯与太阳能的结合被越来越多地采用。利用太阳能和 LED 光源现已制成各种新型太阳能路灯，相同照度（物体被照亮的程度，采用单位面积所接受的光通量来表示）情况下比不用 LED 的太阳能路灯节约太阳电池和蓄电池容量 40%，光源寿命增加 10 倍，可靠性提高 5 倍，系统成本降低 40%以上，同时也解决了常规太阳能路灯系统用交流逆变不可靠、低温启动难及系统造价高等缺点。主要应用于室内外亮化、装饰、园林景观设计施工，市政道路、桥梁节能亮化工程、城乡生态节能亮化工程的城市道路、小区道路、工业园区、绿化带、广场、步行街、健身休闲广场的照明及亮化装饰。就桥梁护栏灯而言，同样效果的一支日光灯要 40 多瓦，而采用 LED 每支的功率只有 8 瓦，而且可以多彩变化。

2）室内照明用灯

2009 年第十届国际照明电器博览会与往年不同的是，更注重厂商互动，大力推广节能照明、半导体 LED 照明产品等。节能减排是中国政府的热点政策，高效照明产品的推广是节能政策的重要支撑点之一。LED 灯是使用半导体材料制成的一种无灯丝的灯，是一种新型的冷光源，被誉为“代表照明技术的未来”。随着第 3 代半导体材料 GaN 的突破和蓝、绿、白光 LED 的问世，LED 照明工具有望逐步替代白炽灯和荧光灯，成为照明行业的主流产品。我国有 3 亿户家庭，家居照明如果普遍采用 LED 灯照明，假定每天每户家居照明消耗 1 度电，3 亿户家庭每天就要消耗 3 亿度电，采用 LED 灯后每天将节约 2.7 亿度电，如果按 1 度电约等于 0. 37 千克标准煤计算，节约标煤 9.38 万吨，节能减排效果非常明显，可有效缓解我国能源供应紧张的局势。

3）太阳能交通系统指示灯

交通信号灯是根据高速公路、高等级公路以及内河航道的需要而设计的警示信号灯（图 18-3）。目前交通信号灯采用超高亮度的 LED 排列，部分采用大功率 LED 管，发光亮度强、视觉性好、信号清晰、防潮防水性能好，使用寿命可长达 10 万小时以上，是交通上不可缺少的安全警示设施。如防雾信号灯，适用于高速公路和交通十字路口及危险地段，障碍物及事故多发路段，特别是未实行全封闭的高等级公路十字路口、横穿道口，警示车辆控制车速及行驶安全，是交通道路管理必不可少的设施。交通信号灯可单独使用或在交通安全控制系统中配套使用，由于与太阳能电池相结合，可持续阴天工作 20 天以上，充分满足恶劣条件下的工作需求。以北京市公共照明系统为例，目前普通路灯的最低功率为 250W，由于照明强度、高度等参数的不同，北京市使用路灯的最高功率为 850W。假如将传统光源换成 LED，要达到普通白炽灯 250W 的发光水平，LED 只需要 38W 左右就完全可以了。交通灯仅北京就有近 2 万个，如此推算其节能效果十分可观。

图 18-3　LED 信号灯

4) 工矿用灯

矿灯是煤矿井下工作人员随身携带的一种照明工具。以前煤矿工人每天都要携带很沉重的铅酸矿灯下井，很是辛苦。现在使用的半导体 LED 光源和锂离子电池相结合设计制造的一种新型矿灯，采用人性化设计，总的来说，具有用电省、体积小、重量轻、寿命长、无污染、安全和使用方便等优点。具体地说，独特的散热与灯壳一体化设计，保证了导热率高，能将热量快速地传导扩散，从而降低灯体内的温度，保障了 LED 光源 5 万小时的使用寿命。按照每天工作 11~12 个小时计算，LED 工矿灯在 12 年内无需更换；灯具表面进行阳极氧化防腐处理，结构紧凑美观，防腐、防水、防尘性能好；节能效果明显，与钠灯相比可节能 60%以上；绿色环保无污染，不含铅、汞等污染元素，对环境没有任何污染；显色性好，光衰小，光色纯，无重影，对实物颜色的呈现更真切；有各种光色可选，能满足不同环境的需求，消除了传统灯具色温偏高或偏低引起的压抑情绪，使视觉倍感舒适，能够提高工人工作效率；采用恒流恒压控制，适用电压宽，克服了因镇流器产生的噪音污染和引起的灯光不稳定，避免了工作中给眼部带来的刺激、疲劳；采用特殊的表面处理工艺，外观可选择多种颜色，安装简单，拆卸方便，适用范围广。因此，LED 矿灯由于无外接电缆线，光源、电池、电池槽组合一体，光源采用小电流(0.1A)，工作温度低于 30℃，耗电量仅为白炽灯矿灯的 1/5，重量仅为普通电池矿灯的 1/10，即节约能源又轻便安全，彻底更改传统矿灯繁琐笨拙的使用习惯，切实降低矿工的劳动强度，节约能源的消耗，提高安全生产率。

5) 娱乐及舞台用灯

由于 LED 可以动态、数字化控制色彩、亮度和调光，具有活泼的饱和色，能够发出从白光到全光谱中的任意颜色，以及可以创造静态和动态的照明效果，使 LED 的应用在娱乐及舞台的照明中开启了新的思路。因此，根据 LED 可控性好、色彩丰富，并且构成几乎无限的特点，能够充分满足舞台娱乐对色彩的全方位需求。此外，舞台上常用的光束灯和金卤灯寿命为 50~250 小时，相比之下，LED 具有长寿命、高的流明维持值(1 万小时后仍然维持 90% 的光通量)的优点，降低了维护费用和更换光源的频率。同时，LED 还克服了金卤灯使用一段时间后颜色偏移的现象。与光束灯和金卤灯相比，LED 没有热辐射，可以使舞台空间变得更加舒适。LED 可以用于娱乐场所的显示屏、护栏管、酒吧幕墙屏、轮廓灯、大功率射灯、大功率路灯、点光源显示屏灯、灯杯、幕墙灯等。

6)汽车用灯

因其节能性，LED 被广泛应用于汽车产业之中，如仪表板、空调、收音机和电子开关等汽车内部照明设备。同时又因 LED 的开关时间短，响应时间是现用的光源响应时间的 1/100，故而用于汽车的刹车灯或状态灯，可以缩短车后车辆的刹车时间，预防追尾，提高安全性，同时因其节能性也大大降低了汽车能量的消耗。我国汽车 LED 车灯行业有着比较广阔的发展前景和空间。据统计，2008 年我国汽车 LED 组合尾灯在前装市场的配套量超过 100 万套，未来几年市场年平均增长速度将超过 80%。由此我们可以想象 LED 为我们节约的石油，节约的能源。

7)各类显示器的背光源

电脑一天的耗电量是惊人的，其中显示器的用电量占电脑用电量的很大比重，应用 LED 作为背光源，能够大幅度降低显示器的能耗。同样，具有显示屏的数码产品也存在耗电量大，导致续航能力弱的问题，由于这些数码产品经常在室外使用，如何提高这些产品的续航能力，就显得颇为迫切。在电池容量有限的前提下，以LED作为背光源，能够在很大程度上降低显示屏的能耗，提高这些数码产品的续航能力。并且应用LED作为背光源的显示器亮度高，且亮度可调，能够充分满足客户各种应用环境的需求及变化（图18-4）；均匀性好，很好地解决了马赛克现象，具有非常出色的发光一致性；对图像和文字，均有清晰，细腻，逼真的显示效果；可视角度大，水平视角可达到110°以上，垂直视角可达60°，在此范围内任意角度，图像不变形，不偏色；可实现单点单灯维修，相对维修成本低，易维护。因此，LED显示屏产品可广泛应用于银行、电力、邮电、通信等营业大厅，证券交易所、储蓄所、医院、车站、空港、码头、广场、展览中心、交易中心、娱乐中心、体育场馆、商场、楼房等处的信息显示、广告宣传和监视控制。

图18-4　采用LED作为显示屏背光源的彩色显示屏

8 安全性及注意事项

本实验中用到弱电，不太适合于没有电学知识的小学生实验。如果希望小学生开展该实验，需要全程都在成人的监护下进行。同时，由于该实验会使灯泡产生高温，须确保灯泡温度降低到安全范围时再行更换，以防止烫伤。

背景知识——LED 光源的特点

1）耗电量小

目前在我国照明电器市场上，传统的高耗能产品仍然占据较大的市场份额。LED 光源单管功率 0.03~0.06 瓦，同样照明效果的情况下，耗电量是白炽灯泡的十分之一，荧光灯管的二分之一，若以节能产品替代同样亮度的普通白炽灯，理论上可以节电约 90%，而我国照明所消耗的电能约占电力总消耗量的 16%，照此推算，照明节能潜力巨大。

2）发光效率高

LED 发光效率较高，目前最高可达 200 流明/瓦，而且光的单色性好、光谱窄，无需过滤可直接发出有色可见光。一盏灯由 40 个绿豆大小的 LED 灯泡组成，只要 4 瓦的功率就能发出相当于普通白炽灯 40 瓦的亮度，而且直流供电毫无闪频，在实现节能效果的同时又保护了眼睛。这是 LED 光源节能的又一重要原因。

3）工作安全性好

LED 的正向工作电压低，单管驱动电压为 1.5~3.0 伏；工作电流小，为 5500 毫安，因此工作安全性好。同时，LED 属于冷光源，由于发热量低，可以安全触摸。

4）绿色环保

现在广泛使用的荧光灯、汞灯含对人体健康有害的汞，使用过程中存在红外和紫外光污染，灯具废弃后仍会对人体和环境产生污染。而 LED 灯除了可大幅节省能源之外，还具有环保特性。由于白光 LED 无需使用荧光灯常用的玻璃管、惰性气体、水银、变压器、升压器等材料，所以可以大幅度节约资源，并且废弃物可回收，对环境保护也有很大的好处；由于能精确控制光型及发光角度，光色柔和，无眩光，因而有利于视力保护；不含汞、铅、钠元素等可能危害健康的物质；由于能够控制不产生红外线和紫外线，因此不会在生产和使用中对外界产生光污染。

5）体积小，重量轻

新一代 LED 半导体照明运用了纳米薄膜技术，所以可以做得很小，LED 光源单元晶片尺寸为 3~5 毫米的正方形，重量也比传统荧光灯、白炽灯轻很多。由于光源体积小，所以可以随意组合，很容易开发成轻便薄短小型照明产品，容易携带也便于安装和维护。

6）结构坚固且使用寿命长

传统的白炽灯，采用辐射发光的方式，灯丝存在热沉积、易烧断、光衰减等缺点。LED 为全固态发光体，耐震动、抗冲击、不易破碎、发热量低。LED 灯体积小、重量轻，用环氧树脂封装，因此可承受高强度机械冲击和震动，不易破碎。普通白炽灯的使用寿命一般在 1 万小时以内，而 LED 的平均理论寿命达 10 万小时，是普通灯管的数 10 倍。也就是说，LED 灯具的使用寿命可达 5 ~10 年，能够大幅度降低灯具的维护费用，提高灯具的性价比，避免经常换灯之苦。

7）色彩丰富且易于管理

白炽灯的响应时间为毫秒级，而 LED 的响应时间为纳秒级，因此可以高频操作，而且，LED 可以集中控制，也易于分散控制或对点进行调节控制。还可以通过控制 LED 的电流调光，通过不同光色组合调色，达到多种动态变化效果。

实验十九 纳米材料增注性能实验

1 实验目的

让学生掌握纳米材料应用到三次采油的实验，同时了解一些可能的其他应用。

2 实验原理

纳米增注剂进入岩石微孔道后，遇到盐或酸破乳，疏水纳米材料释放出来，驱赶水化膜，吸附于岩石表面，使其由亲水性，转变成疏水性，从而减小了注水阻力。

疏水表面膜的形成，减小了岩石微孔道表面水化膜的厚度，扩大了有效孔隙度，从而保持通道的畅通，提高岩石液相渗透率。

疏水表面阻止了水的侵入，避免了黏土膨胀和水垢的附着，显著延长了减阻增注有效期(图 19-1)。

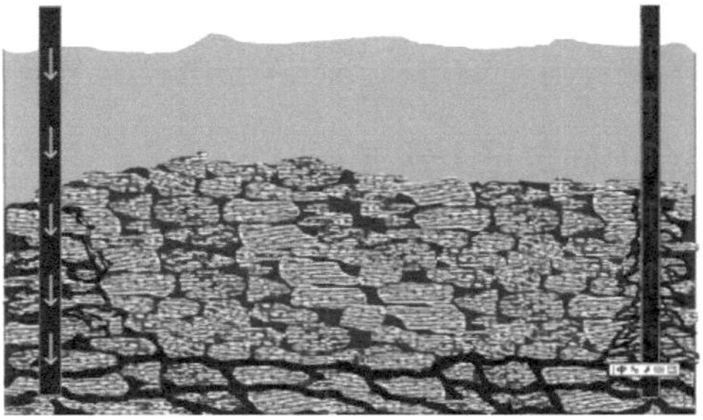

图 19-1 油井注水采油示意图

3 实验用品

分液漏斗，直形冷凝管，陶瓷膜，200~300 目石英砂，12%的盐酸，12%的冰醋酸，12%的氯化铵溶液，纳米增注剂，铁架台、漏斗、冷凝管等实验室常用仪器(图 19-2 和图 19-3)。

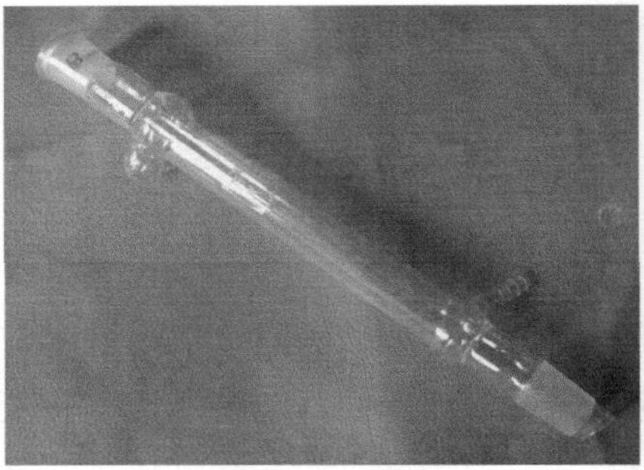
图 19-2　直形冷凝管

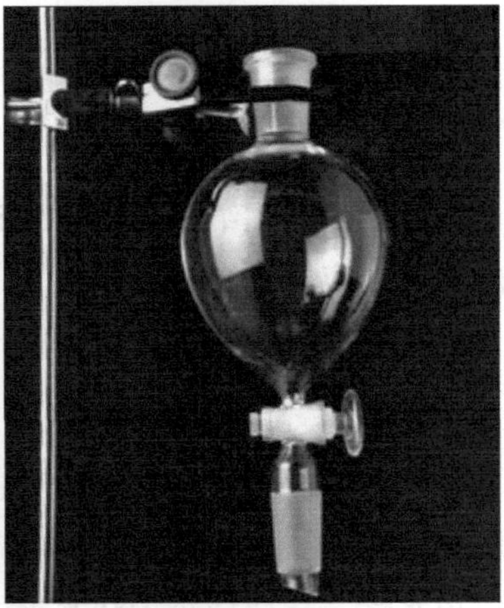
图 19-3　固定在铁架台上的分液漏斗

4 实验内容及步骤

(1)如图 19-4 所示组装玻璃仪器：

i. 在直形冷凝管中填入约 10 厘米的磨制好的 200~300 目石英砂；

ii. 在铁架台上固定三个铁夹；

iii. 连接接收瓶和 U 形管；

iv. 连接直形冷凝管和 U 形管；

v. 用两个铁夹将直形冷凝管固定在铁架台上；

vi. 将分液漏斗连接直形冷凝管；

vii. 用一个铁夹将分液漏斗固定在铁架台上。

(2)在分液漏斗中加入 1 升自来水，记录流完时间。

(3)多次重复注水，记录至流完时间基本稳定结束。

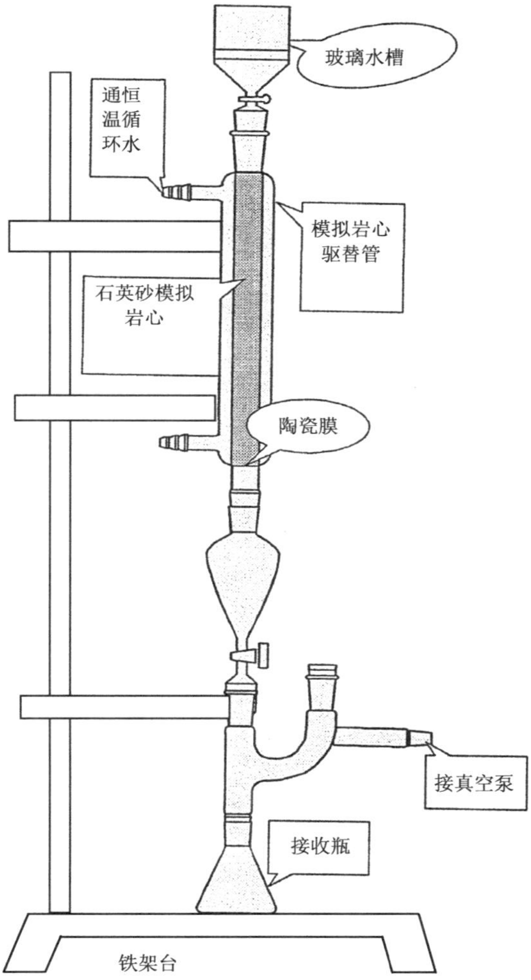

图 19-4　玻璃仪器组装示意图

(4) 恒温循环水浴调至 80℃，在分液漏斗中加入 50mL 12%的盐酸+1mL 冰醋酸，让其自然渗下。

(5) 待其渗完后，再往分液漏斗中加入 100mL 12%氯化铵溶液，同样 80℃下自然渗透。

(6) 待 12%氯化铵溶液渗完后，再在玻璃水槽中加入纳米增注剂，同样 80℃下自然渗透。如果较难渗透，可适当抽滤。

(7) 待纳米增注剂完全渗完后，再在分液漏斗中加入一定量水，室温条件下自然渗透至流速稳定。

(8) 在分液漏斗中加入 1 升自来水，让其自然渗下，记录完全渗透时间。

5 实验结果提示

加入纳米增注剂后，同样 1 升水渗透完比未加纳米增注剂所用时间短。可以得出这样的结论，纳米增注剂发挥了作用，若应用于石油开采，可产生巨大的社会、经济和社会效益。

6 实验问题

对于低渗透油田，该如何开采?

7 应用实例

石油作为一种不可再生的基础能源，在国民经济中的重要战略地位日益突出。2010 年我国石油进口量达到 2.4 亿吨，比上年同期增加 17.5%，并且由于原油价格飙涨，用于原油进口的费用同比增加了 51.3%；2011 年上半年石油进口量上升了 11.3%，至 1.07 亿吨，中国对进口石油的依赖度从去年的 55%上升至 55.2%。与此同时，我国油气后备资源严重不足。出于战略安全考虑，加强采油新技术的研发，在现有油气资源储量的基础上提高采收率是主要的科技攻关方向之一。

就我国近期探明储量和累计探明未动用储量而言，低渗透储量所占比例高达 65%~70%。低渗透油岩藏致密，孔隙吼道细小，孔隙度小(5%~20%)，渗透性很差[渗透率为(0.3~15)×10^{-3}平方微米]，油井一次采收率很低。据对全国 15 个低渗透油田进行的测算，依靠天然能量开采，最终采收率约为 17%，而水驱开发最终采收率可达 26.9%。因此，注水保持压力成为低渗透油田的主要开采方式。然而，由于渗流阻力大，注水井的能量难以扩散，注水压力上升快，导致注水量快速降低，不能有效发挥水驱的作用，油井产量迅速递减。

压裂、酸化技术是(超)低渗透油田一种效果相对较好的注水井增注处理方式。但采用此方法在很多低渗透油田存在有效期短(一般不足 3 个月)，施工综合成本高、易对地层造成伤害等问题。因此，开发一种能有效减小注水阻力、增加注水量的材料，并建立一套低伤害、工艺合理的施工方法，是低渗透油藏开采面临的紧迫任务。

8 安全性及注意事项

本实验适合于广大青少年实验，但由于用到玻璃器皿，操作时须小心，避免扎伤。

实验二十 石墨烯制备实验

1 实验目的

让学生了解石墨烯(graphene)的制备方法。

2 实验原理

人们常见的石墨是由一层层以蜂窝状有序排列的平面碳原子堆叠而形成的，石墨的层间作用力较弱，很容易互相剥离，形成薄薄的石墨片。当把石墨片剥成单层之后，这种只有一个碳原子厚度的单层就是石墨烯。

3 实验材料

乳胶手套，口罩，石墨，刀片，3M 胶带，高倍光学显微镜

4 实验内容及步骤

(1)戴上口罩和手套。

(2)用刀片从石墨中剥离出石墨片。

(3)在高倍光学显微镜下观察。

(4)将石墨薄片的两面都粘上一种特殊的胶带。

(5)揭开胶带，把石墨片分为两层。

(6)不断地这样操作，于是薄片越来越薄。

5 实验结果提示

最初的时候，石墨片比较厚，很容易观察。随着撕开次数的增多，石墨片变得越来越薄。当撕开次数足够多的时候，就可以得到仅由一层碳原子构成的薄片，这就是石墨烯(图 20-1 至图 20-3)。

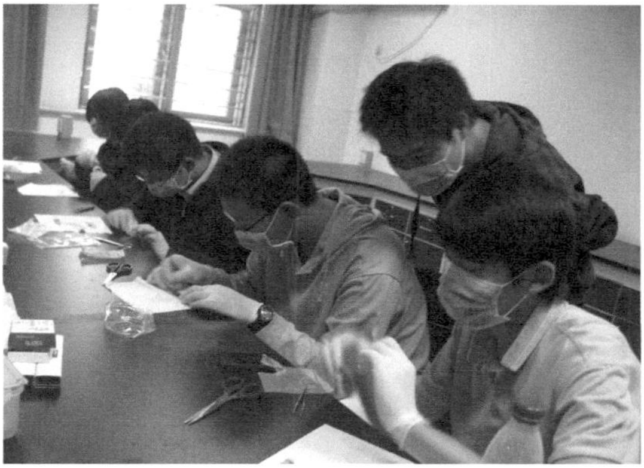

图 20-1　胶带分离石墨烯实验

图 20-2　光学显微镜下的石墨烯

图 20-3　石墨烯结构示意图

6 实验问题

石墨烯有什么用途?

7 应用实例

1) 在纳电子器件方面的应用

2005 年，Geim 研究组与 Kim 研究组共同发现，室温下石墨烯具有 10 倍于商用硅片的高载流子迁移率(约 $1000cm^2/V \cdot s$)，并且受温度和掺杂效应的影响很小，表现出室温亚微米尺度的弹道传输特性(300 K 下可达 0.3 m)，这是石墨烯作为纳电子器件最突出的优势，使电子工程领域极具吸引力的室温弹道场效应管成为可能。较大的费米速度和低接触电阻则有助于进一步缩短器件的开关时间，超高频率的操作响应特性是石墨烯基电子器件的另一显著优势。此外，石墨烯减小到纳米尺度甚至如同苯环一样、由 6 个碳元素组成的六角形时，同样保持很好的稳定性和电学性能，这使探索单电子器件成为可能。

2）代替硅生产超级计算机

研究发现，石墨烯还是目前已知导电性能最出色的材料。石墨烯的这种特性使其尤为适用于高频电路。高频电路是现代电子工业的领头羊，例如手机等电子设备，由于工程师们正在设法使信号包含越来越多的信息，这意味着手机的工作频率越来越高，然而手机的工作频率越高，热量也越高，于是，高频的提升便受到很大的限制。石墨烯的出现，使高频提升的发展前景似乎变得无限广阔了。因此它在微电子领域也具有巨大的应用潜力。研究人员甚至将石墨烯视为硅的替代品，用来生产未来的超级计算机。

3）光子传感器

石墨烯还可以用于制作光子传感器，这种传感器用于检测光纤携带的信息，现在，这个角色还在由硅担当，但硅的时代似乎就要结束了。2010 年 10 月，IBM 的一个研究小组首次披露了他们研制的石墨烯光电探测器，接下来人们要期待的就是基于石墨烯的太阳能电池和液晶显示屏了。

4）用于基因测序技术

DNA 携带了人类遗传密码，与健康、寿命息息相关，虽然目前有许多技术可以进行 DNA 测序，但是科学家们希望能够发展出一种既快速又便宜的快速电子 DNA 测序技术，而石墨烯就是具有这一潜能的材料。导电石墨烯的厚度小于 DNA 链中相邻碱基之间的距离，另外，DNA 四种碱基之间存在电子指纹，基于此，他们想要用石墨烯制成一个尺寸大约为 DNA 宽度的“纳米洞”，让 DNA 分子游过这个纳米洞。利用 DNA 的四个碱基（A、 C、 G、T）对于石墨烯的电导率有不同的影响，通过测量 DNA 分子通过时产生的微小电压差异，就可以知道到底是哪一个碱基正在游过纳米洞。因此，基于石墨烯有望发展一种直接的、快速的、低成本的基因测序技术。

5）减少噪音

美国 IBM 公司宣布，通过重叠 2 层相当于石墨单原子层的“石墨烯”，试制成功了新型晶体管。这种新型晶体管可大幅降低纳米元件特有的噪声。

6）透明电极及光伏器件

石墨烯是透明的，用它制造的电板比其他材料的电板具有更好的透光性。石墨烯优良的电导性能和透光性能，使它在透明电导电极方面有非常好的应用前景。触摸屏、液晶显示、有机光伏电池、有机发光二极管等，都需要良好的透明电导电极材料。特别地，常用电极材料氧化铟锡脆度较高，比较容易损毁，而石墨烯的机械强度和柔韧性都比氧化铟锡好得多。

通过化学气相沉积法，可以制成大面积、连续、透明、电导率高的少层石墨烯薄膜，主要用于光伏器件的阳极，并得到高达 1.71% 的能量转换效率；几乎比用氧化铟锡材料制成的元件的高出了一倍。

7）单分子气体侦测

石墨烯独特的二维结构使它在传感器领域具有光明的应用前景，巨大的表面积使它对周围的环境非常敏感，即使是一个气体分子的吸附或释放也可以检测到，目前这类检测可以分为直接检测和间接检测两种。通过透射电子显微镜可以直接观测到单原子的吸附和释放过程。通过测量霍尔效应可以间接检测单原子的吸附和释放过程。当一个气体分子被吸附于石墨烯表面时，吸附位置会发生电阻的局域变化。当然，这种效应也会发生于别种物质，但石墨烯具有高电导率和低噪声的优良品质，能够侦测这类微小的电阻变化。

8）其他应用

科研人员发现，一些细菌在石墨烯上无法生长，而人类细胞却不会受影响。假若石墨烯对其他细菌也具有抗菌性，则可能为石墨烯找到一系列新的应用，例如，自动除去气味的鞋子，绷带或用于食品保鲜的包装，甚至抗菌 T 恤；用石墨烯做的光电化学电池可以取代基于金属的有机发光二极管，此外，石墨烯还可以取代灯具的传统金属石墨电极，使之更易于回收。石墨烯不仅可以用来开发制造出纸片般薄的超轻型飞机材料，制造出超坚韧的防弹衣，甚至能让科学家梦寐以求的 2.3 万英里长太空电梯成为现实。

早在 2002 年，垂直于基底表面的石墨烯“纳米墙”就被成功制备出来。它被看做是非常优良的场致发射电子源材料；由于石墨烯具有很高的比表面积，石墨烯可以用于超级电容器的导电电极，科学家认为这种超级电容器的储存能量密度会大于现有的电容器；由于石墨烯表面可修饰、接触面积大、厚度仅为原子尺寸等特色，用于细菌、病毒等病原检测是个很好的选择。

8 安全性及注意事项

本实验中用到刀片，不太适合于小学生实验。如果希望小学生开展该实验，需要在成人的全程监护下进行。同时，为防止身体沾染，应戴口罩和手套。

9 拓展阅读

1) 石墨烯发展简史

石墨烯的碳原子排列与石墨的单层原子排列相似，是碳原子以 sp^2 杂化形式排列成蜂巢晶格（honeycomb crystal lattice）状的单层二维晶体。石墨烯可想象为由碳原子依靠单、双共价键交替形成的多个相连六元环状原子尺寸网。石墨烯的命名来自英文的 graphite（石墨)+ -ene(烯烃类词尾)。石墨烯被认为是平面多环芳香烃类原子晶体。

人们常见的石墨是由多层以蜂窝状有序排列的平面碳原子堆叠而成的，石墨的层间作用力较弱，很容易互相剥离，形成薄薄的石墨片。当把石墨片剥成单层之后，这种只有一个碳原子厚度的单层就是石墨烯。

在本质上，石墨烯是分离出来的单原子层平面石墨。按照这种说法，自从 20 世纪初，X 射线晶体学的创立以来，科学家就已经开始接触到石墨烯了。1918 年，V. Kohlschütter 和 P. Haenni 详细地描述了石墨氧化物纸(graphite oxide paper)的性质。1948 年，G. Ruess 和 F. Vogt 发表了最早用透射电子显微镜拍摄的少层石墨烯(层数在 3~10 层的石墨烯)图像。

石墨烯一直被认为是设想的结构，无法单独稳定存在，直至 2004 年，英国曼彻斯特大学物理学家安德烈·海姆和康斯坦丁·诺沃肖洛夫，偶然地发现了一种简单易行的制备石墨烯的新方法，成功地从石墨中分离出石墨烯，从而证实它可以单独存在，两人因“在二维石墨烯材料的开创性实验”的贡献，共同获得 2010 年诺贝尔物理学奖。

他们从石墨中剥离出石墨片，将石墨片放置在塑料胶带中，折叠胶带粘住石墨薄片的两侧，撕开胶带，就能把石墨片一分为二。不断地这样操作，于是石墨薄片越来越薄，最后，他们得到了仅由一层碳原子构成的薄片，这就是石墨烯。当然，仅仅是制备是不够的。通常，石墨烯会隐藏在一大堆石墨残渣中，很难得到理想的紧贴在基板上的石墨烯；所以要找到实验数量的石墨烯，犹如东海捞针，甚至在范围小到 1 cm^2 的区域内，使用当时的尖端科技，都无法找到。海姆的秘诀是，将石墨烯放置在镀有一定厚度氧化硅的硅片上，利用光波的干涉效应，就可以有效地使用光学显微镜找到这些石墨烯。这是一个要求非常精准的实验，例如，假若氧化硅的厚度相差超过 5%，不是正确数值 300nm，而是 315nm，就无法观测到单层石墨烯。

近期，学者研究在各种材料基底上面的石墨烯的可见度和对比度，同时也提供了一种简单易行增强可见度的方法。另外，使用拉曼显微术(Raman microscopy)进行初步辨认，也可以增加筛选效率。

这以后，制备石墨烯的方法层出不穷。刚开始的时候，科学家试着使用化学剥离法(chemical exfoliation method)来制造石墨烯。他们将大原子或大分子嵌入石墨，得到石墨层间化合物。在其三维结构中，每一层石墨可以被视为单层石墨烯。经过化学反应处理，除去嵌入的大原子或大分子后，会得到一堆石墨泥。由于难以分析与控制这堆“烂泥”的物理性质，科学家没有继续这方面的研究。还有一些科学家采用化学气相沉积法，将石墨烯薄膜外延生长(epitaxial growth)于各种各样的基板(substrate)，但初期得到的石墨烯品质并不优良，不过目前化学气相沉积法已成为制备大量高品质石墨烯的常用方法。

石墨烯的出现在科学界激起了巨大波澜。2005 年，曼彻斯特大学团队与哥伦比亚大学的研究者证实石墨烯的准粒子(quasiparticle)是无质量迪拉克费米子(Dirac fermion)。类似这样的发现引起一股研究石墨烯的热潮。人们发现，石墨烯具有非同寻常的导电性能、超出钢铁数十倍的强度和极好的透光性，它的出现有望在现代电子科技领域引发新一轮革命。在石墨烯中，电子能够极为高效地迁移，而传统的半导体和导体，例如硅和铜，远没有石墨烯表现得好。由于电子和原子的碰撞，传统的半导体和导体用热的形式释放了一些能量，目前一般的电脑芯片以这种方式浪费了 70%~80%的电能；石墨烯则不同，它的电子能量不会被损耗，这使它具有非同寻常的优良特性。经过 7 年的发展，人们发现，将石墨烯带入工业化生产的领域已为时不远了。

2)石墨烯的结构

石墨烯是由有机材料中最稳定的苯六元环(等角六边形)组成的二维(2D)周期蜂窝状点阵结构，它可以翘起封闭成笼状三维(3D)的富勒烯(fullerene),也可以卷成一维(1D)圆筒状碳纳米管(carbon nano-tube, CNT)或者堆垛成三维的石墨(graphite)，因此石墨烯是构成 sp^2 杂化碳质材料的基本单元。石墨烯是目前最理想的二维纳米材料。理想的石墨烯结构是平面六边形点阵，可以看做是一层被剥离的石墨分子，每个碳原子均为 sp^2 杂化，并贡献剩余一个 p 轨道上的电子形成大 π 键，π 电子可以自由移动，赋予石墨烯良好的导电性。

3)石墨烯与其他同素异形体

在近 20 年中,碳元素引起了世界各国研究人员的极大兴趣。二维的石墨、一维的碳纳米管和三维的金刚石、石墨及富勒烯组成了完整的碳系家族，其中石墨以其特殊的片层结构一直是研究的热点之一。石墨本体并非真正意义上的二维材料，单层石墨碳原子 graphene 才是准二维结构的碳材料。石墨可以看成是由多层石墨烯片堆垛而成，而前面介绍过的碳纳米管可以看做是卷成圆筒状的石墨烯。当石墨烯的晶格中存在五元环的晶格时，则会构成石墨烯的缺陷，造成石墨烯片发生翘曲，富勒球便可以看成是通过多个六元环和五元环按照适当顺序排列得到的。

4)石墨烯的特性

石墨烯是目前世界上已知材料中最薄却也是最坚硬的纳米材料，它几乎是完全透明的，只吸收 2.3%的可见光；导热系数高达 5300W/m · K，高于碳纳米管和金刚石；在常温下其电子迁移率超过 $15000cm^2/V \cdot s$，比纳米碳管或硅晶体高，而电阻率只约 $10^{-6}\Omega \cdot cm$，比铜或银更低，为目前世界上已知材料中电阻率最小的。因为它的电阻率极低，传递电子的速度比已知导体都快，因此被期待可用来发展出更薄、导电速度更快的新一代电子元件或晶体管。由于石墨烯实质上是一种透明、良好的导体，也适合用来制造透明触控屏幕、光板，甚至太阳能电池。石墨烯的原子尺寸结构非常特殊，必须用量子场论方能予以描绘。

(1)电子运输

在实验上制备出石墨烯以前，大多数物理学家认为，热力学涨落不允许任何二维晶体在绝对温度以上稳定存在。所以，实验上制备出石墨烯立刻震撼了凝聚态物理界。理论界和实验界认为这些可能归结于石墨烯在纳米级别上的微观扭曲。

石墨烯还表现出了异常的整数量子霍尔行为。其霍尔电导可以在室温下观测到，且为量子电导的奇数倍。这个行为已被科学家解释为“电子在石墨烯里遵守相对论量子力学，没有静质量”。

(2)导电性

石墨烯的结构非常稳定，碳碳键(carbon-carbon bond)键长仅为1.42Å。迄今为止，研究者仍未发现石墨烯中有碳原子缺失的情况。石墨烯中各碳原子之间的连接非常有弹性，当施加外部机械力时，碳原子面就弯曲变形，从而使碳原子不必重新排列来适应外力，也就保持了结构的稳定性。这种稳定的晶格结构使碳原子具有优秀的导电性。石墨烯中的电子在轨道中移动时，不会因晶格缺陷或引入外来原子而发生散射。由于原子间作用力十分强，在常温下，即使周围碳原子发生挤撞，石墨烯中的电子受到的干扰也非常小。

石墨烯最大的特性是其电子的运动速度达到了光速的 1/300，远远超过了电子在一般导体中的运动速度。这使得石墨烯中的电子，或更准确地，应称为“载荷子”(electric charge carrier)，其性质与相对论性的中微子非常相似。石墨烯有相当高的透明度：只吸收大约 2.3%的可见光，这也是石墨烯中载荷子相对论性的体现。

(3) 机械特性

石墨烯是人类已知强度最高的物质，甚至比钻石还高，是目前世界上最好钢铁强度的 100 倍。测试发现，在直径为 10~20 微米的石墨烯样品开始碎裂前，它们每 100 纳米距离上可承受的最大压力居然达到了大约 2.9 微牛。换句话说，如果用石墨烯制成包装袋，它将能承受大约两吨重的物品。

(4) 电子的相互作用

利用世界上能产生的最强大的光辐射亮度相当于医学上 X 射线强度 1 亿倍的人造辐射源——美国劳伦斯伯克利国家实验室的“先进光源(ALS)”电子同步加速器观测发现，石墨烯中的电子不仅与蜂巢晶格之间相互作用强烈，而且电子和电子之间也有很强的相互作用。

(5) 化学性质

迄今，关于石墨烯的化学性质我们知道的是：类似石墨表面，石墨烯可以吸附和脱附各种原子和分子。从表面化学的角度来看，石墨烯的性质类似于石墨，可利用石墨来推测石墨烯的性质。石墨烯的化学性质可能有许多潜在应用，然而要想石墨烯的化学性质得到广泛关注有一个不得不克服的障碍：缺乏适用于传统化学方法的样品。这一点得不到解决，研究石墨烯化学将面临重重困难。

(6) 制备方法

石墨烯的制备方法主要有两类：机械方法和化学方法。机械方法包括微机械分离法、取向附生法和加热 SiC 法；化学方法有化学还原法与化学解理法。

微机械分离法

微机械分离法最普通的石墨烯制备方法：直接将石墨烯薄片从

较大的晶体上剪裁下来。2004 年 Novoselovt 等用这种方法制备出了单层石墨烯，并可以在外界环境下稳定存在。典型的制备方法是用另外一种材料膨化或者引入缺陷的热解石墨进行摩擦，体相石墨的表面会产生絮状晶体，在这些絮状晶体中含有单层的石墨烯。但缺点是此法是利用摩擦石墨表面获得的薄片来筛选出单层的石墨烯薄片，其尺寸不易控制，无法可靠地制造出可供应用的石墨薄片样本。

取向附生法—晶膜生长

取向附生法是利用生长基质原子结构“种”出石墨烯：首先让碳原子在 1150 ℃下渗入钌，然后冷却，冷却到 850℃后,之前吸收的大量碳原子就会浮到钌表面，镜片形状的单层的碳原子“孤岛”布满了整个基质表面，最终它们可长成完整的一层石墨烯。第一层覆盖 80%后，第二层开始生长。底层的石墨烯会与钌产生强烈的交互作用，而第二层后就几乎与钌完全分离，只剩下弱电耦合，可以得到单层石墨烯薄片。但采用这种方法生产的石墨烯薄片往往厚度不均匀，且石墨烯和基质之间的黏合会影响碳层的特性。

加热 SiC 法

该法是通过加热单晶 6H-SiC 脱除 Si，在单晶(0001)面上分解出石墨烯片层。具体过程是：将经氧气或氢气刻蚀处理得到的样品在高真空下通过电子轰击加热，除去氧化物。用俄歇电子能谱(auger electronic spectroscopy，AES)确定表面的氧化物完全被移除后，将样品加热使之温度升高至 1250~1450℃后恒温 1~20min，从而形成极薄的石墨层。经过几年的探索，已经能可控地制备出单层或是多层石墨烯。其厚度由加热温度决定，但制备大面积厚度单一的石墨烯还是比较困难。

化学还原法

化学还原法是将氧化石墨与水以 1 mg : 1mL 的比例混合，用超声波振荡至溶液清晰无颗粒状物质，加入适量肼，在 100℃下回流 24 h，产生黑色颗粒状沉淀，过滤、烘干即得石墨烯。

化学解理法

化学解理法是将氧化石墨通过热还原的方法制备石墨烯的方法，氧化石墨层间的含氧官能团在一定温度下发生反应，迅速放出气体，使得氧化石墨层被还原的同时解理开，得到石墨烯。这是一种重要的制备石墨烯的方法，可以在较低温下制备出高质量的石墨烯。

实验二十一 纳米剪切增稠液

1 实验目的

让学生了解纳米剪切增稠的原理和一些潜在的应用。

2 实验原理

剪切增稠液体(shear thickening fluid, STF)中的纳米球状颗粒是自然界中最坚硬的非金属材料之一。剪切增稠液中自由悬浮着许多纳米级粒子。当液体因为剧烈冲击而被搅乱时，其中的纳米粒子相互碰撞，产生对抗这种搅动的抵抗力。当搅动力足够大时，这些粒子其实就已被相互“锁定”。当子弹高速撞击这种材料时，剪切增稠液防弹衣就会吸引撞击能量，并迅速变得极其坚硬(图 21-1)。

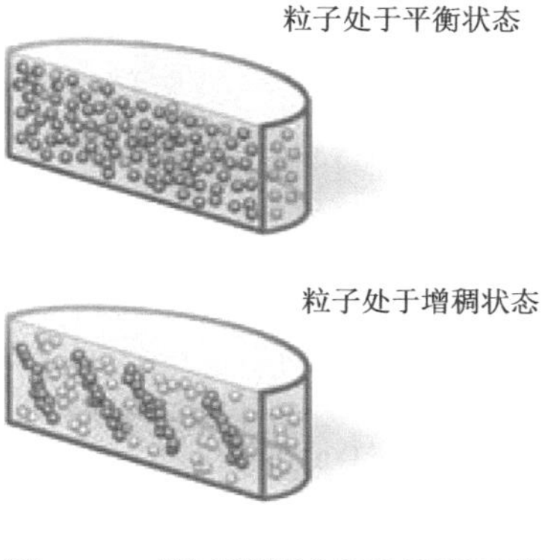

图 21-1　剪切增稠液实验原理示意图

3 实验用品

淀粉，水，托盘天平，烧杯，玻璃棒，粒子尺寸低于100纳米的二氧化硅粉体，聚乙二醇。

4 实验内容及步骤

方案一

在天平左边托盘内放上空烧杯，称量烧杯的重量。

(1) 在天平右边托盘内增加10克砝码。

(2) 在烧杯中加入10克淀粉。

(3) 从天平上取下盛有淀粉的烧杯，加入8毫升的水后，用玻璃棒搅拌均匀，静置30分钟(图21-2)。

(4) 在此期间淀粉会沉淀在容器的底部，待上层液澄清后将清液倒掉。

(5) 用玻璃棒快速和慢速插入剩下的物质，体验有何感觉。

图21-2　纳米剪切增稠液

方案二

(1) 在天平左边托盘内放上空烧杯，称量烧杯的重量。

(2) 在天平右边托盘内增加5克砝码。

(3) 在烧杯中加入5克纳米二氧化硅粉体。

(4)从天平上取下盛有淀粉的烧杯，加入适量的聚乙二醇后，用玻璃棒搅拌均匀。

(5)用玻璃棒快速和慢速插入液体中，体验有何感觉。

5 实验结果提示

如果用玻璃棒慢慢插入或搅拌，感觉不到太大的阻力；但快速插入或搅拌时，则会感觉到有很大的阻力。当用玻璃棒轻轻搅拌杯子中的液体时，发现它跟普通的液体没什么两样，但一旦加快搅拌的速度和力度，就会发现它越来越黏稠；慢慢提起玻璃棒时很轻松，但突然快速提起时，杯子连同杯子中的液体就会一起被提起。

6 实验问题

什么是剪切增稠?

7 应用实例

剪切增稠液是 21 世纪初在美英兴起的一种新型防护材料，它平时呈现柔韧性，而在受到冲击时呈现坚固性。在一定程度上，剪切增稠液体调和了装备的防护性能和舒适性之间的矛盾，使得两者间和谐共存，是能将人体自由活动与碰撞打击保护结合在一起的首选材料。剪切增稠液体的特性，决定了其非常适合在防护装备特别是排爆搜爆装备中应用(图 21-3)。

在日常生活中也能见到类似的剪切增稠现象。比如，当人们在沙滩上享受美好阳光的同时，在合适的条件下，脚下潮湿的沙子也会出现类似剪切增稠的现象：当快速跑过沙滩时，只留下了脚印；但当站在沙滩上不动时，身体则会慢慢地下陷。

图 21-3 剪切增稠液制造的液体盔甲

将极其细小的纳米球形微粒（如 SiO_2 球）混入到不挥发、流动性好的无毒液体中，形成悬浮液或凝胶。这种流动性很强的液体和坚硬的微粒结合后，即形成性能优异的剪切增稠液体。这种新型液态材料平时非常容易变形，纳米级硬质粒子呈悬浮状态；然而，一旦受到冲击，在碰撞点原先呈悬浮状态的硬质纳米粒子便会骤然聚集成微粒簇，从而使剪切增稠液体在瞬间变得十分坚硬，阻止致命冲击对人体的伤害。

STF 调和了防护性能和舒适性之间的矛盾，最关键的是，它还代表着防护装备和防身装备背后蕴含的设计理念上的巨大改变。例如液体防弹衣和液体防刺服，平时当人们穿着它行动时，数以亿计的柔软“细胞”就会跟着运动，不会限制人体的动作，甚至还能轻松自由地跑跳、翻滚、踢球；而在人体受到冲击需要保护的那一刻，它却变得异常坚韧。用 STF 制造的连体服装，可以保护人体需要防护的任何部位，无论人体如何弯曲，防护性能都不会受损。

利用这种具有剪切增稠特性的液体制作的防护服装和服饰主要是用来防止和减少运动物体的冲击、穿刺、切割、撕裂、拉伸等所带来的伤害和损害，拥有防冲击、防破片、防刃刺、防锥刺、防针刺、防切割、防砍、防砸、防链锯切割和防飞溅等功能。这些 STF

防刺服、防割服和防刀衣具有优异的性能指标，是用芳纶 1414(如凯芙拉 Kevlar 或 Twaron)、高强度高密度聚乙烯、PBO 等纤维制造的织物和非织造物经过浸渍、涂覆 STF 液体或凝胶制成。不同的织物材料，使用不同型号颜色的 STF 液体，即可制成具有不同性能指标的防护材料。通过设计不同防护复合结构，可实现各种材料的优势互补，达到一加一大于二的效果(图 21-4)。这种新型超强超薄防弹衣比普通的防弹衣要薄得多，而重量只相当于普通防弹衣的一半。

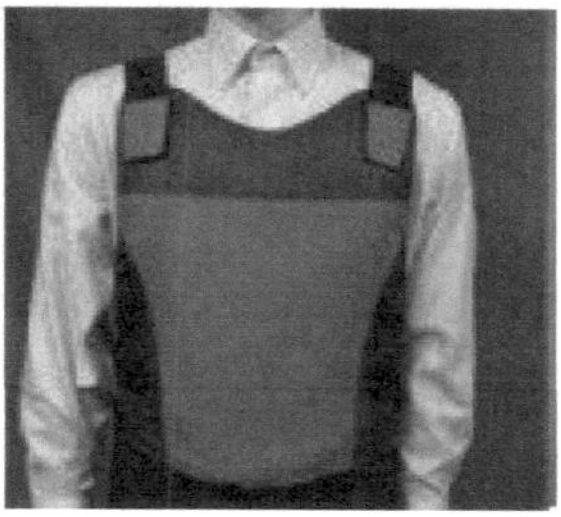

图 21-4　利用剪切增稠液制作的防护服

8 安全性及注意事项

本实验方案一所用原料简单，实验可以在家中开展，也可以在实验室开展；方案二原料比较复杂，需要在实验室开展。本实验用到烧杯等玻璃器皿，操作时须小心，避免扎伤。

附录 I　四氧化三铁纳米颗粒的制备

四氧化三铁(Fe_3O_4)纳米颗粒的化学制备方法可分为均相制备法和非均相制备法。均相制备法包括共沉淀法、水热法和高温分解法；非均相制备法包括微乳液法和溶胶-凝胶法等。其中，水热法是指在特制的密闭反应容器中，通过加热创造一个高温高压反应环境，使通常难溶或者不溶的物质溶解并且重结晶，再经过分离和热处理得到产物的一种方法；高温分解法是通过在高沸点有机溶剂中加热分解有机金属化合物来制备四氧化三铁纳米颗粒的一种方法；微乳液法是两种不相混溶的液体通过表面活性剂分子作为界面膜，形成热力学稳定、各向同性的分散体系，通过其体系中的微型反应器控制纳米颗粒的成核、生长、聚集等过程；溶胶-凝胶法就是以有机或无机铁盐为原料,在有机介质中进行水解、缩聚反应，使溶液凝胶化，再经高温煅烧转化为氧化物或者其他形式的化合物固体颗粒的方法。

本实验采用共沉淀法制备四氧化三铁纳米颗粒。

1. 主要实验用品

氨水，$FeSO_4·7H_2O$，$FeCl_3·6H_2O$，盐酸，NaOH，高纯氮(>99.99%，分析纯，国药集团化学试剂有限公司)。

JJ-1 精密定时电动搅拌器(国华电器有限公司)，KQ-250E 型超声波清洗器(昆山市超声仪器有限公司)，NdFeB 磁铁(表面磁场强度> 1 特斯拉，定制)，电热真空干燥箱(上海索谱仪器有限公司)，

pHS-3C 型数显酸度计（上海雷磁仪器厂）。

2. 共沉淀法制备纳米 Fe_3O_4

（1）制备原理

共沉淀法是制备 Fe_3O_4 纳米颗粒最为常用的，也是最经典的一种方法，通常是采用碱液（如 NaOH 和氨水溶液）与 Fe^{2+} 和 Fe^{3+} 的盐 [如 $FeCl_2$、$FeSO_4$、$FeCl_3$、$Fe(NO_3)_3$] 混合溶液在一定温度和 pH 下高速搅拌进行沉淀反应（反应式见式 I -1），然后将沉淀洗涤、分离、干燥，制得 Fe_3O_4 纳米颗粒。在化学共沉淀法制备 Fe_3O_4 纳米颗粒的过程中，由于所采用分散体系的化学特性不同，将对颗粒的性能产生一定影响。

$$Fe^{2+} + 2Fe^{3+} + 8OH^{-} \longrightarrow Fe_3O_4\downarrow + 4H_2O \qquad (\text{I -1})$$

该反应的热力学显示，在无氧条件下，当 pH 为 8~14，Fe^{2+}/Fe^{3+} 物质的量比为 1∶2 时，才能反应完全。共沉淀方法制备得到的 Fe_3O_4 磁性纳米颗粒的尺寸大约在 2~20 纳米之间，它们的尺寸形貌主要取决于反应体系的 pH、离子强度、温度、Fe^{2+}/Fe^{3+} 物质的量比以及所使用的铁盐的种类等。

（2）制备方法

按照 Fe^{3+} 和 Fe^{2+} 物质的量比 2∶1 条件投料，用 200 毫升的 2 摩尔/升的盐酸溶液超声搅拌溶解 54.05 克 $FeCl_3\cdot6H_2O$，加入容量为 3 升的单层玻璃反应釜中，通氮气搅拌。然后在超声条件下用 50 毫升浓度为 2 摩尔/升的盐酸溶解 27.80 克 $FeSO_4\cdot7H_2O$，然后加至上述 $FeCl_3$ 溶液中。一边通氮气搅拌一边用蠕动泵将 1.25 升 12.5%（质量比）的四甲基氢氧化铵 $(CH_3)_4NOH$ 水溶液快速加入到铁盐溶液中，室温反应 1 小时。然后进行磁分离洗涤一次，干燥后即可得到 Fe_3O_4 纳米颗粒，其 X-射线衍射（XRD）谱图及扫描电镜（SEM）照片分别见图 I-1 和图 I-2。

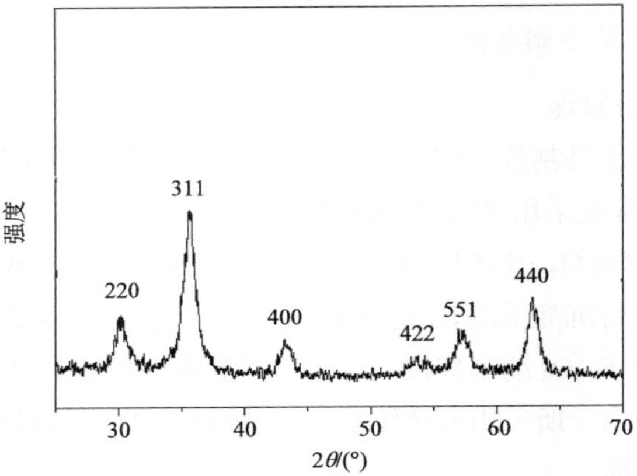

图 I-1　Fe_3O_4的 XRD 谱图

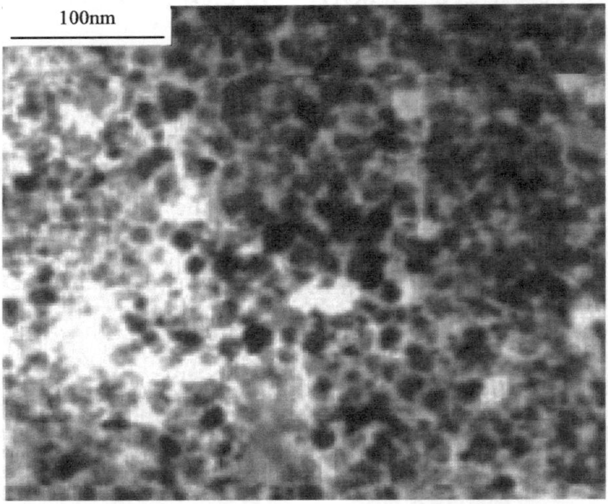

图 I-2　Fe_3O_4磁性纳米颗粒 SEM 照片

附录Ⅱ 纳米金胶体的制备

胶体金(Au)是由氯金酸($HAuCl_4$)在还原剂,如白磷、抗坏血酸、柠檬酸钠、鞣酸等作用下，聚合成一定大小的金颗粒，并由于静电作用成为一种稳定的胶体状态，形成带负电的疏水胶溶液，由于静电作用而成为稳定的胶体状态，故称胶体金。胶体金在弱碱环境下带负电荷，可与蛋白质分子的正电荷基团牢固结合，由于这种结合是静电结合，所以不影响蛋白质的生物特性(图Ⅱ-1)。胶体金除了与蛋白质结合以外，还可以与许多其他生物大分子结合，如SPA、PHA、ConA 等。根据胶体金的一些物理性状，如电子密度、颗粒大小、形状及颜色反应，加上结合物的免疫和生物学特性，胶体金广泛应用于免疫学、组织学、病理学和细胞生物学等领域。胶体金标记，实质上是蛋白质等高分子被静电吸附到胶体金颗粒表面的包被过程。用还原法可以方便地从氯金酸制备不同粒径、也就是不同颜色的胶体金颗粒。这种球形的粒子对蛋白质有很强的吸附功能，可以与葡萄球菌A蛋白、免疫球蛋白、毒素、糖蛋白、酶、抗生素、激素、牛血清白蛋白多肽缀合物等非共价结合，因而在基础研究和临床实验中成为非常有用的工具。

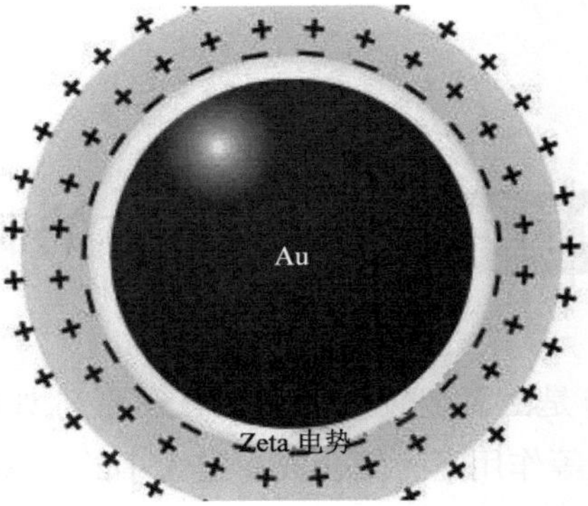

图Ⅱ-1　胶体金示意图

1 主要实验用品

$HAuCl_4 \cdot 4H_2O$，$Na_3C_6H_5O_7 \cdot 2H_2O$(柠檬酸钠)，PVP(聚乙烯吡咯烷酮)溶液，$Na_3C_6H_5O_7$ 或 $NaBH_4$。

JJ-1 精密定时电动搅拌器(国华电器有限公司)，加热套，节点温度计。

2 制备方法

配制浓度为 2.44×10^{-3} 摩尔/升的 $HAuCl_4 \cdot 4H_2O$ 溶液，浓度为 3.43×10^{-2} 摩尔/升的 $Na_3C_6H_5O_7 \cdot 2H_2O$ 溶液，浓度为 1.00×10^{-4} 摩尔/升的 PVP 溶液，以及浓度为 0.391 摩尔/升的 $NaBH_4$ 溶液备用。

在烧杯中加入 10 毫升氯金酸溶液，10 毫升 PVP 溶液(保护剂，可不加)，80 毫升三次蒸馏水，将烧杯置于电动搅拌器上，边加热边搅拌(转速设置为 600 转/分钟)，加热至 75℃，恒温 2min，用移液管移取一定体积的还原剂 $Na_3C_6H_5O_7$(或 $NaBH_4$)溶液，迅速一次加入到上述混合液中，开始计时，使液体颜色恒定并持续加热一段时间共 9 min，停止加热，继续搅拌 5min 后，停止搅拌，冷却至室温，所得液体即为纳米金溶胶(图Ⅱ-2)，性质见表Ⅱ-1。

图Ⅱ-2　胶体金实物图

表Ⅱ-1　胶体金粒径与特性的关系表

胶体金粒径(nm)	1%柠檬酸钠加入量(mL)	颜色	λ_{max}(nm)
16	2.00	橙色	518
24.5	1.50	橙红	522
41	1.00	红色	525
71.5	0.70	紫色	535

附录III 纳米二氧化钛的合成

目前，制备纳米二氧化钛(TiO_2)的方法很多，基本上可归纳为物理法和化学法。物理法又称为机械粉碎法，对粉碎设备要求很高；化学法又可分为气相法(化学气相沉积法，CVD)、液相法和固相法。

1 主要实验用品

硫酸氧钛，阳离子表面活性剂，实验室常用有机溶剂。

2 合成方法

利用传统的生产二氧化钛的方法，如硫酸法、盐酸法或氯化法，很难制得粒度 100nm 以下的超微粒。气相法对技术和材质要求较高，而液相法是制备超大型微粒较为简便的方法，利用溶胶-凝胶工艺制备纳米二氧化钛，仍是合成工艺中采用的主要方法。用硫酸氧钛制备透明超微粒二氧化钛的反应如下：

$$TiOSO_4+2NH_3\cdot H_2O \longrightarrow TiO(OH)_2\downarrow+(NH_4)_2SO_4$$

$$TiO(OH)_2 \longrightarrow TiO_2+H_2O$$

(1)溶胶制备

在 $TiOSO_4$ 中加入 $NH_3\cdot H_2O$，得到 $TiO(OH)_2$ 白色沉淀，将沉淀水洗除去 SO_4^{2-}、Na^+等杂质离子后，加入一定体积、一定浓度的盐酸，在 60℃以上水浴 40min,得到透明的无色二氧化钛水溶液。

(2)萃取分离

取(1)制得的二氧化钛水溶液,加入阳离子表面活性剂如十二烷基苯磺酸钠(DBS),使溶胶胶粒转化成憎水性凝聚体。然后加入有机溶剂,剧烈振荡冲洗,使胶体粒子转入到有机相中,与水分离后即得透明有机溶胶。

(3)纯化及热处理

将萃取分离后的有机溶胶,在低于有机溶剂沸点的温度下,回流除去吸附水后,再减压蒸馏除去有机溶剂,在200~220℃进行热处理,即得无色二氧化钛超微粉末。